www.ingramcontent.com/pod-product-compliance
Lightning Source LLC
LaVergne TN
LVHW041842070526
838199LV00045BA/1403
9789360162320

صمت السجين

Translated to Arabic from the English version of

The Prisoner's Silence

Varghese V Devasia

Ukiyoto Publishing

جميع حقوق النشر مملوكة ل

Ukiyoto Publishing

Published in 2023

حقوق الطبع والنشر للمحتوى © Varghese V Devasia

ISBN 9789360162320

كل الحقوق محفوظة.
لا يجوز إعادة إنتاج هذا المنشور كليًا أو جزئيًا، أو نقله أو تخزينه في نظام استرجاع البيانات، بأي شكل من الأشكال أو بأي وسيلة إلكترونية أو ميكانيكية أو تصويرية أو تسجيلية أو غيرها من الطرق، دون الحصول على إذن مسبق من المحرر.

تم التأكيد على الحقوق المعنوية للمؤلف.

عمل خيالي. الأسماء والشخصيات والشركات والأماكن والأحداث والمباني والحوادث هي نتاج خيال المؤلف أو يتم استخدامها بشكل وهمي. أي تشابه مع أناس حقيقيين، أحياء أو أموات، أو مع أحداث حقيقية هو من قبيل الصدفة البحتة.

يُباع هذا الكتاب بشرط عدم إعارته، أو إعادة بيعه، أو تأجيره، أو توزيعه بأي طريقة أخرى، دون الحصول على موافقة مسبقة من الناشر، بأي شكل من أشكال التجليد أو الغلاف غير الذي نُشر فيه.

www.ukiyoto.com

شكرًا

جاء إلهامي لكتابة هذه الرواية عندما قمت بالتحقيق مع مائتين وعشرين سجينًا مدى الحياة في سجن ناجبور المركزي. وكان من المؤلم أن ندرك أن بعضهم لم يرتكب الجريمة التي اتُهموا بها، لذا فإن التخلي عن عائلاتهم والسجن يعرضهم لبؤس لا يوصف. عرف مسؤولو السجن أن اثنين من السجناء المعلقين على المشنقة بريئين وماتوا بسبب جريمة ارتكبها شخص آخر. ولذلك فقدوا حقهم في الحياة بسبب الخداع. لقد كانوا الأشخاص الذين لا صوت لهم والمنسيين في المجتمع، وخاصة الأديفاسيس والداليت والأقليات. لذا، ظل نظام العدالة الجنائية في الهند مجرد خدعة إلى حد كبير. التقيت بسجينين في سجن كانور المركزي، وأجبراني على إعادة كتابة ما تعلمته عن قانون العقوبات الهندي، وقانون الإجراءات الجنائية، وقانون الأدلة.

لقد قمت بزيارة جميع السجون في ولاية ماهاراشترا تقريبًا، وبعضها في ولاية كيرالا، وتيهار في دلهي، وعدد قليل في تاميل نادو وأندرا براديش. وأنا ممتن لمسؤولي السجن على قيامهم بما هو ضروري حتى أتمكن من مقابلة المحكوم عليهم بالسجن المؤبد في تلك السجون.

قرأ جيلز فارغيز، وهو شخص يتمتع بحس رفيع من الجمال والعدالة، المخطوطة؛ وأشكرك على تعليقاتك المثقفة والفلسفية. أنا مدين لخوسيه لوكاس لنظرته العامة القيمة. قام Shrimayee Thakur من Ukiyoto Publishing بعمل رائع في تحرير الكتاب؛ انا ممتن لك.

ل

المدانون بلا اسم، بلا صوت، بلا أصدقاء معلقين على العارضة لجرائم الآخرين.

تأمل في الوجود الإنساني، صمت *السجين* يسلط الضوء على الوجه المرعب للقانون والسياسة والدين والله، المصادر الرئيسية للخضوع الذي يؤدي إلى الشنق. تنشأ القوة البشرية أو الإلهية من العنف والخضوع، وتزدهر بالتملق، وتكتسب القداسة بالخنوع. الرواية فلسفية بعمق، ونفسية قاطعة، وإنسانية مغرية، واجتماعية عالمية، وهي باختصار العبودية والصراع والاغتراب وتوقع الإنسانية.

خوسيه لوك، كولكاتا.

صمت *السجين* هي رواية وجودية وتداخلية تدور حول اثنين من المحكوم عليهما بالإعدام، لكن كلاهما يواجهان الله.

كان توما كونج بريئًا، وهو تناقض وجودي للإنسان. وبعد حرمانه من الحقوق الأساسية، أدرك أن هذه الحقوق كانت للأقوياء والأغنياء وأصحاب النفوذ. خائفًا وجاهلًا بالقانون، التزم صمتًا عميقًا في المحكمة والسجن والمشنقة، لأنه كان وحيدًا.

وكان رزاق وحده أيضًا. في سن الثالثة عشرة هرب من ولاية كيرالا وتم إخصاؤه على يد محمد أكيم، مزارع نخيل في واحة بالمملكة العربية السعودية، ليخدم في حريم أكيم. هرب رزاق بعد تسعة عشر عامًا من الرعب وعاد إلى مسقط رأسه. كانت خيبة أمله الأكبر هي عدم قدرته على إنقاذ فتاة باكستانية تبلغ من العمر 11 عامًا تُدعى أميرة عندما التقى بها في الزنانة. لقد أحبوا بعضهم البعض وأرادوا الهروب والعيش معًا. ورغم أنه لم يتمكن من ممارسة العلاقة الجنسية، إلا أنه كان يشتاق إلى صحبة أميرة، وكانت راغبة في ذلك. في بوناني، تزوج رزاق من فتاة من كاليكوت، مختبئًا حقيقة أنه كان عاجزًا جنسيًا. وبعد عام قتل زوجته وعشيقها بسيف مالابورام.

سأل رزاق الله لماذا سمح لمحمد أكيم بإخصائه. أراد الانتقام من أكيم والله؛ كان الخيار الوحيد هو التطور مثل أكيم. عند المشنقة، سمع توما كونج المقنع صرخة رزاق الخافتة، ومعاناة الإنسانية، ولكن تحديًا لا يعرف الخوف لله.

قائمة المصطلحات

1. العباءة (العربية): ثوب يشبه السترة ترتديه النساء في العالم العربي.

2. الجهيم (عربي): الجحيم.

3. العرق (عربي): كحول مقطر.

4. أكي أوتي (كوداجو): خبز مسطح خالي من الخميرة من الأرز المطبوخ ودقيق الأرز.

5. بهية (عربي): فتاة جميلة.

6. شيمين (مالايالامية): رواية مالايالامية شهيرة لثكازي، وفيلم مالايالامي يحمل نفس الاسم.

7. الغرارة (الهندية/الأردية): اللباس التقليدي الذي ترتديه النساء في الهند وباكستان.

8. قرصان (عربي): خبز رقيق مع اللحم.

9. حرام (عربي): محرم.

10. الحريم (عربي): بيت محظيات رجل متعدد الزوجات.

11. حوري (عربي): العذراء التي تنتظر المؤمن المؤمن في الجنة.

12. إبليس (عربي): زعيم الشياطين.

13. جهنم (عربي): الجحيم.

14. الجلمة (عربي): طبق من لحم الضأن.

15. الجنة (عربي): الجنة، الجنة.

16. كافر (عربي): مرتد، كافر.

17. الخمر (عربي): النبيذ.

18. خودا (الأردية): الرب الله.
19. لاكشمان رخا (السنسكريتية): حكم الخط الساطع.
20. المغرب العربي (العربية): شمال غرب أفريقيا.
21. المِشْكُ : كيس ماء مصنوع من جلد الماعز.
22. المشربية (عربي): العمارة التقليدية في العالم الإسلامي.
23. المشرق (عربي): الجزء الشرقي من العالم العربي.
24. مفاتيح الدجاج (عربي): طبق دجاج تقليدي مع أرز بسمتي.
25. ملحد (عربي): ملحد.
26. نواب (هندي/أردو): نائب الملك المغولي أو حاكم مستقل في الهند البريطانية.
27. باداشون / باداشوني (المالايالامية): الخالق.
28. بودا باتي (المالايالامية): تضيع أيها الوغد.
29. بورومبوكو (المالايالامية): الأراضي الحكومية غير المستخدمة بالقرب من الطرق والسكك الحديدية وما إلى ذلك.
30. سجوان (عربي): خشب الساج.
31. سجامبك (عربي): سوط من الجلد الثقيل مع قطع معدنية حادة.
32. ثيمادي كوزي (المالايالامية): ركن الخطاة في مقبرة الكنيسة.
33. تو كاهان هاي (هندي/أردو): أين أنت.
34. الأمة (المالايالامية): الأم.
35. فيشيا (المالايالامية / السنسكريتية): عاهرة.
36. ياجف جيدان (عربي): بئر جاف.

محتوى

1	الصمت
28	الخلية
55	العرض
79	القماش الأسود
104	المشنقة
133	أنف
149	عن المؤلف

1

الصمت

كانت هناك خطوات ثقيلة، مثل قعقعة المقصلة التي تقطع رؤوس الخنازير في مسلخ جورج موكين، وقام توما كونج بإحصائها، مع إبقاء أذنه اليسرى مضغوطة على أرضية الزنزانة؛ تحذير من أن المشنقة جاهزة له. رفضت والدته إميلي إجهاضه. ولكن بعد مرور أربعة وعشرين عامًا، قرر القاضي تعليقه من رقبته حتى وفاته. لم يعرف توما كونج أبدًا أن القاضي هو والده البيولوجي.

وكان عمره خمسا وثلاثين سنة، صحيحا وعاقلا.

كانت الأصوات مختلفة، خمسة أشخاص، أربعة منهم يتمتعون ببنية جيدة، ويرتدون أحذية، ورجل صغير الحجم، ربما يرتدي الصنادل. وانتظرهم توما كونج لمدة عام، عندما رفض الرئيس استئنافه الأخير. كان ينام في صمت حتى الساعة الثالثة، وعندما يستيقظ يحاول الاستماع إلى أدنى أصوات الليل. وعادة ما يتم تنفيذ عمليات الإعدام في وقت مبكر من الصباح، حوالي الساعة الخامسة. كل ليلة، من الثالثة إلى الخامسة والنصف، كنت أنتظر وقع الأقدام.

وبما أن السجن كان يقع على قطعة أرض تبلغ مساحتها مائة فدان، ويبعد كثيرًا عن الطريق الرئيسي، فقد خيم عليه صمت غريب مثل حريم في وسط الصحراء العربية. محمد رزاق، المحكوم عليه بالسجن المؤبد، روى توما كونج عن تجربته في عنيزة بالقصيم، حيث أمضى فترة مراهقته وشبابه، وصمت الحريم الشيطاني. وكان ذلك في مزرعة نخيل يملكها محمد أكيم وابنه عادل، حيث كان لديهم نساء من ماليزيا وباكستان ولبنان والعراق وتركيا وأذربيجان ومصر. أميرة، فتاة باكستانية تبلغ من العمر حوالي أحد عشر عامًا، ذات عيون خضراء ووجه ملائكي، تحب التحدث باللغة الأردية مع رزاق. أسلاف أجداده، نواب لكناو، فروا إلى إسلام أباد أثناء تقسيم الهند، مخبئين صفائح من الذهب تحت الغرارة. ربما كانت أصغر

المحظيات، مهاجرة غير شرعية بدون تأشيرة صالحة. لكن أكيم كان سعيدًا بالحصول عليها، حيث كان لديه العديد من الاتصالات في جميع أنحاء الجزيرة العربية وكان الوكلاء يتصلون به كلما توفرت فتيات صغيرات. وبمجرد أن تجاوزت أعمار المحظيات سن الخامسة والثلاثين إلى الأربعين، قام أكيم ببيعهن للعالم السفلي، خاصة في الرياض.

أطلق اكيم على قصره اسم مشربية وكل دوكسي بهية فتاة جميلة.

لقد كانت مشربية على الطراز المشرقي، ذات عمارة إسلامية نموذجية، مع شرفة مغلقة مصنوعة من الخشب المنحوت والزجاج الملون. وكانت المشربية مكونة من ثلاثة طوابق، وكانت النساء يشغلن الطابقين العلويين. كانت مهمة رزاق الرئيسية هي تقديم الطعام، وهو ما كان يستمتع به كثيرًا. كان يحب رائحة وأصوات النساء وأزيائهن الملونة.

قضى رزاق معهم ساعات طويلة في لعب الورق. وكان الغناء يعتبر خطيئة أو حراما، لكن النساء في مصر وأذربيجان وماليزيا غنوا الأغاني الشعبية، وصفقوا بأيدي بعضهن البعض. انضم إليهم رزاق عندما كان أكيم بعيدًا. كانت أغانيه تدور بشكل أساسي حول قصص الحب والانفصال والشوق للعودة إلى مسقط رأسه ولقاء الأحباب. لقد وصلت إلى أعماق قلب رزاق وخلقت مشاعر الحزن والأسى والعذاب والفراق. غنى رزاق لهم أغاني المالايالامية من فيلم Chemmeen وأفلام أخرى.

المزرعة الضخمة لأشجار النخيل، التي لاحظها من النوافذ الكبيرة، زرعها والد أكيم، الذي وصل من اليمن عندما كان طفلاً. وكانت المزرعة في واحة تابعة لملكه، على بعد نحو مائة كيلومتر من عنيزة. وكان أكيم ابنه الوحيد بين اثنتي عشرة ابنة من ثلاث زوجات.

قالت نساء الحريم إن والد أكيم يحب الصيد ويقضي أيامًا عديدة في الصحراء مع أصدقائه وابنه. في إحدى رحلات الصيد تلك، قتل أكيم والده البالغ من العمر ثمانية وأربعين عامًا؛ واخترق الرمح قلبه من

الخلف وهو يتذوق لحم الغزال المشوي على الفحم. وهو قاذف أتلات هائل، يمكنه قتل الطهر العربي أو المها برمية واحدة من حوالي عشرين مترًا. كان أكيم يبلغ من العمر سبعة وعشرين عامًا فقط عندما قتل والده، راغبًا في الاستيلاء على مزرعة نخيل والده وحريمه والثروة التي جمعها.

كان أكيم يتناول العشاء مع محبيه مرتين في الأسبوع، وكانوا يأملون أن يحتفلوا بأكل وشرب ما يريدون. الخمر، وهو نبيذ مصنوع في المشربية، يُشرب مع مفتاح الدجاج، وهو عبارة عن قطع من الدجاج تقدم فوق أرز بسمتي عطري مطبوخ مع الهيل والقرفة والليمون المجفف والزنجبيل وجذور الشيبة. وفي أيام العيد، كانوا يقدّرون الجلمة، وهي لحم خروف صغير مطبوخ مع البصل وخليط من البهارات، خاصة الفلفل الأسود. وكان أحب الطعام إليهم هو الجرسان، وهو خبز رقيق مع اللحم والخضروات والعرق، وهو كحول مقطر من القمح المخمر والزبيب والزنجبيل.

أعرب أكيم دائمًا عن سعادته بلقاء عشاقه وأحب صحبتهم. وفي كل مرة يعود من جولاته الخارجية كان يقدم لهم ولرزاق هدايا باهظة الثمن. سافر إلى أوروبا وأمريكا لتصدير أجود أنواع التمور، واستورد أحدث الآلات لمزرعة النخيل، بالإضافة إلى خشب الجوز والبلوط الأحمر وخشب السنط لأعمدة الرمح. كان يسافر مرة واحدة على الأقل كل ستة أشهر إلى أجزاء مختلفة من الجزيرة العربية لشراء الفتيات وبيع النساء.

وكان في بعض الأحيان عنيفاً ومنهكاً، وكانت معظم النساء يكرهونه في قلوبهن. خاصة في الليل، عندما يأتي العملاء لشراء النساء فوق الأربعين، كان يجلد من يرفض الذهاب بالسجامبوك، وهو سوط جلدي ثقيل، ويستمر الجلد لساعات طويلة، مع صراخ وصياح، مما كان يزعج نوم رزاق في غرفة صغيرة. غرفة بالقرب من المطبخ. ومع مرور السنين، اجتذب أكيم فتيات جدد عبر الحدود واختفت القديمات. ظهرت أميرة في المشربية قبل أشهر قليلة فقط من وصول

رزاق إلى هناك وكانت المفضلة لدى أكيم بعد وجبات العشاء الأسبوعية.

وكان لأكيم زوجتان حرتان إحداهما من اليمن والأخرى من العراق، وكانتا تعيشان في قصرين توأم مختلفين، مبنيين على الطراز المغربي، ملاصقين للحريم. وكان عادل ابن زوجة يمنية، ولم يكن مسموحاً له بالذهاب إلى الحريم.

وكان اكيم قد منع رزاق من زيارة المغرب العربي.

ترك رزاق عائلته في مالابار عندما كان في الثانية عشرة من عمره. أخذه وكيل من الرياض إلى عنيزة، وعلى مدى السنوات التسعة عشر التالية خدم في حريم أكيم دون زيارة عائلته في مالابار. كان عادل يبلغ من العمر خمس سنوات فقط عندما وصل رزاق إلى هناك، وأصبحا أصدقاء، وتقاسموا الطعام، ولعبوا كرة القدم بين رجلين في الفناء المغاربي، وتعلموا اللغة العربية، وقرأوا القرآن وصلوا معًا. كان الصمت داخل المشربية مرعباً، باستثناء صراخ النساء في منتصف الليل. قصة رزاق كانت تؤلم توما كونج، وكثيرًا ما كان يختبر الصمت الشيطاني والصراخ المتقطع في ظل سكونها.

بكى عادل بصوت عالٍ وهو يشاهد أكيم وهو يخصي صديقه رزاق. عندما ظل رزاق طريح الفراش لمدة شهرين بسبب جروح إنتانية، اعتنى به عادل. ومرة أخرى عوى عندما ختن عادل وهو في السادسة من عمره، ظناً منه أن والده يخصيه وأنه سيصبح مثل رزاق. كان متحمسًا عندما رأى أنه لا يزال صبيًا وبدأ في ممارسة الجنس مع فتيات من لبنان في سن الرابعة عشرة. وسرعان ما أعطى أكيم نصف ممتلكاته لعادل، الذي أقام حريمه في زاوية أخرى من ممتلكاته.

عندما ذهب للصيد، لم يأخذ أكيم ابنه معه أبدًا.

كانت نساء أكيم لطيفات مع رزاق. لقد قدموا له الشوكولاتة باهظة الثمن والملابس والعطور الجيدة، وعندما لم يكن هناك أحد، كانوا يعانقونه ويقبلونه بشغف ويغوونه بالألعاب الجنسية التي يحبونها. في

العديد من الليالي، كان ينام مع شخص يعرف جيدًا أن أكيم سيقطع رأسه إذا تم اكتشافه. وكانت المحظيات تجذب رزاق، وتخبئه في عباءاتهن الفضفاضة، وكثيرًا ما تهيمن عليه بدوافعهن الجنسية. كانت أجسادهم المرنة تتمتع بمغناطيسية وقوة لا يمكن تفسيرها. المحظيات، المتعطشة لممارسة الجنس، المداعبات المتلهفة، التواطؤ الدافئ مع هزات الجماع المتكررة. لكن كان هناك الكثير، ولم يتمكن رزاق من إرضائهم جميعًا.

يتذكر رزاق أن أكيم كان يبحث عنه بالسيف في اليوم الذي قبض عليه وهو يتقاسم السرير مع مومس مصرية. كان أكيم غاضبًا مثل النمر البري في رأس مسندم الذي أكل ضبع مخطط شبله. كان الدم يقطر من السيف الذي كان يحمله في يده اليمنى.

وكان تحت ذراعه اليسرى رأس المصري المقطوع.

"الله،" صرخ أكيم.

وساد الصمت المطلق في المشربية.

"باسمك أذبح الكافر الملحد"، ترددت صرخة أكيم في كل مكان.

صرخات النساء ملأت أجواء المشربية. رثوا المصير الوشيك لرزاق، الذي كان مختبئًا تحت الفراش مغطى بكومة من الملابس القديمة. وبقي هناك لمدة يومين دون طعام أو ماء. أحدث الملف الفولاذي الموجود أسفل الفوتون جروحًا عميقة في ظهره.

وفي الليلة الثالثة أنقذته امرأتان وقدمتا له الطعام والماء. قاموا بتنظيف جسده ووضعوا المرطب على ظهره. كان يرى ملابس ملطخة بالدماء في يديه. ولم يكن هناك مجال للهروب من المشربية، وفتحت النساء غطاء قبو، وهو سراديب مستطيلة، طولها حوالي ثمانية أقدام وعرضها ستة، من الطابق الثاني إلى الأرض، بدون باب ولا نافذة، وعمقها حوالي ثلاثين قدما. تم بناؤه بحيث يلامس الجدران من الجانبين. أطلق عليها أكيم اسم ياجف جيدان، أي بئر جاف، أو جهنم، أو جهنم لمحظياته. وتراكمت الملابس القديمة والهراء المهملة والعباءات والملابس الداخلية والفوط الصحية في

الطابق السفلي. طلبت النساء من رزاق أن يتعمق أكثر ويختبئ في مكان أكثر أمانًا، لعلمهن أن أكيم سيعود بحربة لثقب دماغه.

تحرك رزاق إلى عمق أكبر، وهو يشق طريقه عبر سلة المهملات. كان التنفس مرهقًا، والرائحة الكريهة تخنقه، لكنها كانت أكثر متعة من الخوف من الموت. غطت الفوط المملوءة بدم الحيض الطازج والمجفف وجهها، وفي كل مرة تفتح فمها لتأخذ نفسًا عميقًا، كان مذاقها مرًا. واستقرت على عمق حوالي أربعة أمتار. أبعد من ذلك، سيموت من الاختناق. كانت الرؤية سيئة. كان ضغط الهواء قويًا جدًا وكان من الصعب عليه الاستلقاء. وظل منتصبا نسبيا، ويتنفس بصعوبة.

عاد أكيم في الليلة الرابعة. كان يحمل رمحًا، فانتشر صمت مفاجئ في كل ركن من أركان الحريم مثل ضباب الصباح في مزرعة التمر. كان الصمت مفجعًا. تجول داخل القبو من الأعلى برمحه لبعض الوقت، لكنه لم يتمكن من الاختراق بعمق فيه، حيث اعترضت طريقه العباءات وقمصان النوم والبيجامات والسراويل الداخلية والسراويل الداخلية؛ كان سحب ظهرها أمرًا صعبًا. ولم يكن على سن الرمح قطرة دم أو لحم طازج، فرجع يلعن ويوعد بإعدام الكافر في سبيل الله.

كان الرمح عبارة عن ذراع طوله حوالي سبعة أقدام، وله عمود من خشب الجوز؛ كان الرأس المدبب مصنوعًا من الفولاذ. كان لدى أكيم مجموعة من أكثر من مائة رمح بأعمدة مصنوعة من الجوز والبلوط الأحمر والسنط. جاء الجوز والبلوط الأحمر من كاليفورنيا، والسنط من أستراليا الغربية، وكلها استوردها أكيم شخصيًا. مرة كل ستة أشهر، كان أكيم يصطاد الأرانب البرية والقطط الرملية والثعالب الحمراء والوشق والغزلان والمها في الصحراء مع مساعديه الموثوق بهم لمدة خمسة أو سبعة أيام. باستثناء الرماح والخناجر، لم يستخدموا أي أسلحة أخرى. كان فريق البعثة مكونًا من حوالي عشرين شخصًا، رجالًا فقط، وكانوا يطبخون وينامون في الصحراء.

كانوا يشربون علبًا مملوءة بالعرق ويأكلون الحيوانات الخالية من الجلد المشوية بالكامل على نار حطب الساغوان.

وفي اليوم الخامس عند الظهر سمع رزاق صوتًا ناعمًا. يمكنه التعرف عليها؛ لقد كانت أميرة. كانت نازلة تفصل القمامة فسمعها تنادي باسمه: رزاق رزاق تو كاهان هاي؟

كان معه زجاجة ماء وبعض الطعام. مسحت وجه رزاق وشفتيه بالوشاح الذي كانت ترتديه حول رقبتها. "اشربه" قال وهو يسلمه الزجاجة. شرب رزاق ببطء. كان الطعام لحم الضأن البرياني. قسمت اللحم إلى قطع صغيرة وأطعمته بأصابعها. لقد كبرت الفتاة الباكستانية لتصبح امرأة جميلة، ولكن في غضون سنوات قليلة حُكم عليها بأن تكون جارية جنسية في العالم السفلي للجزيرة العربية. من الحريم سيصبح بيت دعارة.

تمامًا مثل إرضاع الطفل، استغرقت أميرة أكثر من نصف ساعة لإنهاء الرضاعة. ثم قبل خدود رزاق وضم وجهه إلى صدره واحتضنه.

"خذني معك عندما تهرب من هنا. وتوسلت أميرة قائلة: "أود أن أعيش معك في أي مكان في العالم، من فضلك".

نظر إليها رزاق لكنه ظل صامتا.

"هذه هي جهنم الموصوفة في القرآن، أكيم هو إبليس،" واصلت بعد توقف.

فأجاب: نعم يا أميرة.

"رزاق، أنا لا أؤمن بخودا، فهو سيء ووحشي. كرجل يكره النساء. إنه شهواني وخلق الجنة بالحوريات، فتيات ممتلئات الصدور، لمتعة الرجال. النساء في الجنة عبيد جنسيون. هناك قصص حقيقية عن بلطجية أميين متعطشين للجنس قاموا بأسر النساء من جميع الأعمار بعد الحرب أو الغارات الليلية وقاموا بتزويجهن قسراً في الصحاري العربية. قطع اللصوص رؤوس رجالهم في ساحة المعركة. وكانوا

يعتقدون أنهم إذا ماتوا في سبيل الإسلام سينالون الحور العين، اثنان وسبعون منها في الجنة. وقالت أميرة وهي تعانق رزاق: "لقد كان حافزاً كبيراً".

"النساء خليلات في الأرض وحور في السماء. "لقد خلق الله النساء من أجل متعة الرجال"، توقفت أميرة للحظة وهي تتحدث.

قال بعد صمت: "رزاق، من فضلك خذني، وإلا سينتهي بي الأمر في بيت للدعارة في مكان ما في الجزيرة العربية".

وعد رزاق: "أميرة، سأفعل ذلك بالطبع". لكن ربما لم تسمعه لأن صوته كان ضعيفاً جداً.

وبينما كانت تصعد، نظرت أميرة إلى رزاق.

"قبلة أخمص قدمي اليمنى علامة على الثقة. سألت أميرة: "لقد رأيت والدي يقبل أقدام نسائه سراً".

قبل رزاق نعل قدمه اليمنى. وكانت طرية ومبللة بدم الحيض.

"أميرة، سوف نذهب إلى بوناني ونعيش مثل نواب مالابار،" وعد رزاق.

ثم نام رزاق.

في صباح اليوم التالي، رأى حزمة قديمة من الملابس بالقرب من كتفه الأيسر، ولكي يحصل على مزيد من الهواء، دفعها بعيدًا. كانت رائحة الحزمة لا تطاق؛ وحفرت أصابعه فيه وهو يلمسه، فانزلقت الملابس. غطى اللحم البشري المتعفن أصابعه، وكانت هناك مقلة عين في كفه، تحدق به.

صاح قائلاً: "باداتشون".

لقد كانت جثة متحللة لطفل حديث الولادة.

تقيأ رزاق وحاول القفز، لكن ساقيه ويده انحصرتا. تقيأ مرة أخرى وخرج بعض الماء واللعاب.

ومرة أخرى حاول أن يفصل الملابس القديمة والهراء من حوله، فغاصت ساقه في جسد آخر متعفن، طفلاً ألقي في القبو بمجرد ولادته. أردت الهرب، والقفز من القبو. دع أكيم يقطع رأسه. أغمي على رزاق وفقد وعيه.

فلما فتح عينيه ظن أنه في الجنة محاط بالحور. استغرق الأمر بضع ثوان ليدرك أن الحريم هم من أخرجوه من الطابق السفلي. وكان عارياً، وقاموا بتنظيفه بالماء الساخن، وتجفيف جسده بالمناشف التركية، وغطاوه بملابس نظيفة.

قالت له أميرة: "رزاق، لا تخف، لقد ذهب إلى الرياض ولن يعود لمدة سبعة أيام".

لم أستطع أن أصدق ما كنت أسمع. كانت أجمل الكلمات وأكثرها عزاءً التي سمعها على الإطلاق، وأكثر موسيقية بكثير من مناجاته عندما كان يفر من والده السكير في تيرور. كان لوالده بابا زوجتان وثمانية أطفال. وكان رزاق هو الأكبر. كان لدى بابا مقهى في سوق السمك في تيرور، وكان يعيش مع زوجاته وأطفاله في كوخ من الطين بالقرب من المقهى. لم يكن المال الذي كسبه في المقهى كافياً لعائلته، إذ كان ينفق أكثر من نصفه على الكحول يومياً.

اتصل رزاق بوالدته أمة التي كانت تعمل في بيع الأسماك. حمل سلة السمك على رأسه وسار إلى القرى المجاورة. قام بتنظيف السمكة وتقطيعها إلى قطع كما طلبت ربات البيوت. راضيًا عن عمله، أعطوه الملابس القديمة والأرز وزيت جوز الهند والتوابل في المهرجانات مثل أونام وفيشو والعيد. لكن ذلك لم يكن كافيا. كان الجوع يطارد حياة رزاق، ولم يكن يتناول وجبة كاملة إلا في أيام قليلة في السنة برضا تام. ذهبت إلى المدرسة لتناول وجبة منتصف النهار، وبعض العصيدة التي لا طعم لها.

نام رزاق مع أمته وإخوته الأربعة الآخرين على الأرض. وكانت أمته الثانية وأولاده الثلاثة في زاوية أخرى. يمكن أن يشعر بآلام الجوع لدى إخوته. كانت معارك بابا العنيفة جسديًا في حالة سكر نموذجية، وغالبًا ما كان يسمع تنهدات والدته الضعيفة.

كانت رائحة أمة دائمًا مثل رائحة السمك، وكان رزاق يحب تلك الرائحة؛ كان يعشق والدته. وكان حلمه الوحيد هو أن يزوده بالطعام الكافي والملابس الجديدة. وفي وقت لاحق، كان يحلم بامتلاك منزل أفضل تستطيع فيه أوما النوم على سرير أطفال وتغطية جسدها ببطانية هربًا من البرد أثناء الرياح الموسمية. كان يحلم بالدراجة ليأخذ والدته وإخوته إلى السينما مرة واحدة في الشهر.

وروى أصدقاؤه لرزاق قصص العديد من الشباب الذين ذهبوا إلى المملكة العربية السعودية ودول الخليج لكسب المال. كان لدى تلك البلدان الكثير من الذهب. ولعب الأطفال بالذهب، بل وقاموا ببناء السيارات والمنازل. كان يعلم أن العديد من الشباب حملوا المعدن اللامع إلى مالابار في قوارب صغيرة. لكنه لم يدرك أنها مهربة، وإذا تم القبض عليه، فإنه سيبقى في السجن لعدة سنوات. أدى التهريب إلى ثراء الكثيرين في تيرور وبوناني وأوتابالام ومالابورام وكوزيكود. اشتروا الأراضي وبنوا المتاجر وأقاموا الفنادق والمطاعم والمستشفيات. أخبره أصدقاؤه أن جميع القصور المحيطة بمنزله الطيني قد تم بناؤها بأموال ذهبية من المملكة العربية السعودية ودول الخليج.

أراد رزاق الذهاب إلى الجزيرة العربية، وجلب الذهب لإطعام الأمة، وتعليم إخوته، وبناء منزل، وشراء سيارة، وفتح متجر، والعيش في سعادة دائمة. لقد فكر في الأمر لمدة ستة أشهر وتحدث عنه مع أصدقائه في المدرسة. لم يثبطه أحد. وقالوا إن الثراء هو حقهم. وكانوا أيضًا على استعداد للمغادرة، وكان بعضهم قد غادر بالفعل. ولاحظ أن عدد الطلاب في المدرسة يتناقص كل يوم. كان اثنان من أفضل أصدقائه قد غادرا في الأسبوع السابق. وعندما وصل إلى المدرسة، أخبره أحدهم أن معلم صفه قد ذهب إلى الإمارات. كان الحلم العربي ينتشر في كل مكان، وحتى الأطفال كانوا قلقين.

ذات ليلة، هرب رزاق من المنزل دون أن يخبر والدته. شعر بالحزن لتركها وتأوه بمفرده. كنت أعلم أنه سيعود قريبًا بأكياس مليئة

بالمعدن اللامع. وكانت العديد من السفن تتجه إلى موانئ مختلفة في شبه الجزيرة العربية، فقبض على واحدة مليئة بالشباب الذين كانوا في البحر لمدة ثلاثة أيام. أخذ أحد عملاء السفينة رزاق إلى الرياض مع ثلاثة أولاد آخرين، كلهم أكبر سنًا، وقدمه إلى عميل آخر. وفي غضون ثلاثة أيام، كان رزاق في مشربية أكيم.

نام رزاق لمدة يومين محاطًا بنساء الحريم. وكان الحب الذي عبروا عنه به سماوياً، مثل حور الجنة، جزاء المؤمنين المسلمين المؤمنين في الآخرة، على المتعة التي قرأ عنها في القرآن العربي.

ساعد عادل رزاق على الهروب من الجزيرة العربية باستخدام كيس ماء من جلد الماعز مملوء بالذهب. كان يفكر في حبيبته أميرة الباكستانية التي احتفظ بعينيها الخضراوين في داخله، وكان مظهرها في قلبه. كان يتمتع بروح جميلة مليئة بالحب. أراد أن يأخذها معه وتوسل إلى عادل. لكن عادل لم يوافق، قائلاً إن والده سيقطع رقاب النساء الأخريات في حالة فقدان إحداهن.

وكان رزاق واثقا. أدركت أميرة أنها لا تستطيع ممارسة الجنس بانتظام، لذا قبلت ذلك، وبعد أن مرت بتجربة جهنمية في الحريم، كرهت ممارسة الجنس. وكان ذلك سيحل الكثير من مشاكلهم. كان بحاجة إلى رفيقة، إلى امرأة تحبه، وكان على استعداد للموت من أجلها. أراد أن يشارك حياته مع أميرة حتى أنفاسه الأخيرة. وكانت الثروة كافية لبناء قلعة على ضفاف نهر نيلا. بالنسبة لرزاق، كانت أميرة هي أفضل رفيقة له، والصديقة التي يثق بها أكثر من غيرها، وروح روحه، التي قبل نعلها. اشتقت لحضورها، بحثت عن وجهها ليتحير بعينيها الساحرتين وخدودها الناعمة وابتسامتها الساحرة. أحب رزاق مشاركة أحلامه، الماضي والمستقبل، معها. لقد كان هو وهي خارج نطاق الجنس، وهو الفعل الأكثر إحباطًا على وجه الأرض وفي الجنة. لم يعودوا مهتمين بممارسة الحب، بل بالشركة والحب واللمس والاتحاد الدافئ. كان يظن أحيانًا أنه يحب أميرة أكثر من أمته، ويشعر بالحزن لذلك، ويخجل من خطيئة حب امرأة باكستانية أكثر من أمه.

تذكر رزاق أن أميرة نزلت في الجهنم وأطعمته البرياني. كانت أصابعها الناعمة الجميلة تمسح شفتيه. كان له قلب ثمين، قلب مليئ بالحب، أغلى من ذهب مشاكه. كان على استعداد لاستبدال كل الذهب لها ولها فقط. منذ البداية كان يحبها دون أن يخبرها بذلك. كان يخشى رد فعلها، فهو رجل مخصي، إنسان مرفوض، ليس امرأة ولا رجلاً. ولكن بكلمة واحدة، غيرت عالمهم، وأعادت كتابة التاريخ، وغيرت حبكات كل ملحمة كتبت على الإطلاق. سألت: "رزاق، تو كاهان هاي؟"

أميرة كانت مهتمة بسلامته، وكانت موجودة من أجله. قال لها: "أنا أحبك". بدا الأمر ذا قيمة، وأثمن من أي شيء في العالم. كما أحبها من كل قلبه وروحه. وقال: "أنا لا أؤمن بخودا، فهو سيء ومقزز". أميرة أحبت رزاق حتى في الجحيم. فضلت جهنم مع الرزاق على الجنة بدونه. يمكنه أن ينكر الله على حبيبه؛ ولم يكن من الممكن أن يكون الله تعالى موجودًا عندما كان الرزاق موجودًا. كانت أميرة خائفة للغاية على مستقبلها في بيت للدعارة، حيث ستصبح جارية جنسية لمئات الأشخاص؛ وفي المشربية، كان عليها أن ترضي رجلاً واحداً فقط. أراد أن يهرب من المشربية ليكون مع حبيبه الرزاق، حيث لا يأتي الحور ولا المؤمنون ولا الله.

كانت أميرة في الثلاثين من عمرها عندما غادر رزاق المشربية. لكنه نسي أن يخبر أميرة بأنه لا يؤمن بالله الذي لم يوقف إخصائه. بعد الاستئصال الوحشي لخصيتيه، أصبح رزاق ملحدًا. لم يكن هناك سوى أشخاص مثل أكيم الله، الذين كانوا وحشيين وغير سارة.

اشترى رزاق فدانًا من الأرض وقام ببناء فيلا في بوناني المطلة على بحر العرب. قام ببناء مجمع للتسوق داخل المدينة بالقرب من التقاطع الرئيسي. كانت العديد من الفتيات على استعداد للزواج منه، فاختار واحدة من بيبور، بالقرب من كاليكوت، وتزوجها، مخفيًا حقيقة أنه لا يستطيع إقامة علاقات جنسية. كان عمره اثنين وثلاثين عامًا وكانت هي في السادسة عشرة من عمرها. بعد عام، فاجأ رزاق

زوجته بعشيقها، وباستخدام فأس مالابورام، قطع رأسيهما. امتلكه اكيم مثل إبليس.

كانت هناك ابتسامة مفجعة عندما أنهى رزاق توصيله. نظر إلى توما كونج لفترة طويلة، دون أن يتوقع رد فعل بل ليتحقق مما إذا كان صديقه قد فهم المعنى العميق للصمت. رأى توما كونج جوًا مقلقًا يثقل كاهل مشاعر رزاق عندما سقط وجهه وضاقت شفتاه. كان رزاق رجلاً حزينًا في صمت.

"لو لم يقم أكيم بإخصائي، لكنت قد أنجبت ابنًا في مثل عمرك. لكنك ابني، ابني الوحيد. قال رزاق لثوما كونج: "بعد الإدانة، تعال وأبق معي في بوناني".

نظر إليه توما كونج بالكفر. لقد أحب امرأة باكستانية في الحريم، ولكن بعد عشرين عامًا في السجن، تبنى كابنًا رجلاً محكومًا عليه بالموت شنقًا، ومسيحيًا معمدًا ولكنه ملحد. لم يكن لرزاق سوى صديق واحد في السجن، وهو توما كونج.

التقى به توما كونج قبل أحد عشر عامًا أثناء عمله في مزرعة السجن. كان رزاق على وشك قضاء مدة عقوبته البالغة عشرين عامًا. وكان عمره ثلاثة وخمسين سنة. بعد ستة أشهر من إطلاق سراحه من السجن، تلقى توما كونج دعوة زفاف من رزاق، سلمها السجان. كانت السنة الثانية لثوما كونج. قرر رزاق الزواج من فتاة من مالابورام. كان يبحث عن رفيقة مثل أميرة، يمكنها أن تحب رزاق، ليست مهووسة بالجنس، بل تشاركه صمته.

كان الصمت ذهبيا. لكن سكون حارسة النزل كان له صدى غامض مع حنان خارجي، أو ربما تصرفت بحنان. وبعد دقيقتين من التأمل الهادئ، أخبر المحكمة أنه رأى توما كونج يرمي جثة الفتاة في بئر مجاور للملجأ. لقد أذهل الفلاش باك الذي قدمه في بضع كلمات الحاضرين في المحكمة وضرب القاضي مثل الرعد. لقد حطم ثقة توما كونج وحسمت شهادته مصيره. كانت الساعة حوالي الخامسة بعد الظهر، ورأى شخصًا طويل القامة، غير حليق الوجه، يجري في

قاعة النزل، ويفتح باب البئر بالقرب من بيت المضخة، ويسقط الجثة في البئر. كانت متأكدة من أنه توما كونج.

كان توما كونج موجودًا في النزل مرة واحدة فقط، بناءً على إصرار جورج موكين. كان يوم الأحد وأخبره موكين أنه تلقى مكالمة هاتفية من مدير النزل لإبلاغه بوجود تسرب للمياه في أنبوب النزل. وبما أنه كان يوم الأحد، كان سباك النزل خارج المحطة وغير متاح. طلب المأمور من Mooken أن يرسل شخصًا لإصلاح الخلل. بينما كان Thoma Kunj يعتني بسباكة الخنازير، أصر Mooken على الذهاب إلى النزل لإجراء الإصلاح، لكن Thoma Kunj كان مترددًا في الذهاب؛ بالإضافة إلى ذلك، كان لدي الكثير من الأشياء لأقوم بها في المنزل. اتصل موكين بـ Thoma Kunj مرة أخرى عند الظهر بنفس الطلب.

ذهب توما كونج إلى النزل حوالي الساعة الثالثة بعد الظهر. أردت إنهاء العمل خلال ساعتين أو ثلاث ساعات. لكنه لم يتخيل قط أن ذلك سيغير حياته ويقوده إلى المشنقة.

نظر توما كونج إلى المأمور من قفص الاتهام غير مصدق، لكن مظهره كان رقيقًا، والشعر الرمادي الذي سقط على جبهته كان يخفي كذبه وعناده. كانت نظارته مستديرة وسميكة. كان وجهها يعكس الألم الناجم عن جريمة قتل في ملجأ للنساء العاملات تديره الحكومة. وكانت الشاهد الأخير. ولم يتردد القاضي في تصديق شهادة مسؤول يبلغ من العمر خمسة وخمسين عاماً.

ومع ذلك، لم يفكر توما كونج أبدًا في إمكانية أن يقرر القاضي مصيره حتى قبل جلسة الاستماع. في الثامنة والأربعين من عمره، احتفظ القاضي بسر لم ينكشف في قلبه، حيث عانى من صمت عميق من خلقه منذ يوم قالت له طالبة جامعية إنها لن تجهض طفلها. كان محاميًا شابًا، وقد جاءت إلى مكتبه لدعوته للتحدث عن القانون والأدب في مدرستها. قدمه إلى معلميه وزملائه بكلمات حكيمة مليئة بالثناء. أبهرته مهاراته في الذكاء والقيادة والتواصل.

لقد أعجبت بمهاراته التحليلية ومعرفته القانونية. وكانت قدرته على إقناع جمهوره بالكلمات والعبارات المختصرة فريدة من نوعها.

نمت صداقتهما ورأيا بعضهما البعض كثيرًا، حيث كانا يسافران على دراجة المحامي الشاب إلى أماكن مختلفة ويقضيان الليالي في جو دافئ.

تحطم صمته عندما رأى توما كونج في المحكمة. قرأ القاضي اسم المدعى عليه بصمت: توماس إميلي كورين. لقد فاجأه ذلك؛ نظر إلى توما كونج بالكفر. كان هناك انعكاس لوجهه في مظهر توما كونج.

كان للسكون اهتزاز. كانت حاملاً بصرخات امرأة من الألم. وتردد صدى صمت القاضي لمدة خمسة وعشرين عاما مع تلك الصرخات.

كان لشهادة حارس النزل المسن نتيجة لذلك، حيث أدت إلى الحكم الذي حسم مصير رجل يبلغ من العمر أربعة وعشرين عامًا.

"علقوه من رقبته حتى يموت".

وكان الحكم موجزا ودقيقا.

عانت إميلي، والدة توما كونج، من صمت مختلف عن صمت محظيات أكيم ونأت بنفسها عن صمت مدير النزل المسن. كان صمت إميلي مؤثرًا. اخترقت جسد توما كونج وتغلغلت في المنزل بأكمله. كان صمته ناعماً وكريماً ومحباً. حتى بلغت توما كونج الثانية عشرة من عمرها، كانت مترددة في مشاركة ذكريات طفولتها وأيام دراستها الجامعية؛ وبدلاً من ذلك روى قصصاً من الروايات والملاحم. استمع إليها توما كونج باحترام، دون التدخل في أوصافها. لكنني شعرت أنه حافظ على هدوء إدراكه حتى عندما كان يروي القصص.

احتفظ توما كونج بذكراه في صمت لا يسبر غوره. في السجن، كان يتذكرها دائمًا. لقد كان رباطًا غير قابل للكسر ونما مع صمته. تأمل صمته وحوّل الزنزانة بحضوره الجميل.

في الأشهر الأولى في الزنزانة، كانت الليالي طويلة ومرعبة، لكنه أصبح يألف الظلام المخيف الذي يمر حيث اندمجوا مع أضواء النهار وفقدوا لامبالاتهم. شيئًا فشيئًا، أصبح الليل أكثر متعة وأملًا وهدوءًا. وفي الظلام رأى نفسه أفضل وكان أكثر وعياً بذبذباته الداخلية وذبذبات الخلية. كانت الزنزانة مثل ياجف جيدان، حيث قضى رزاق ثلاثة أيام وثلاث ليالٍ غارقًا في الهراء واللحم البشري المتحلل. لم تكن الزنزانة رحيمة أو فضولية أبدًا، ولكنها كانت حذرة ومثابرة، وكانت الزنزانة تحميه مثل طبيب شرعي مع جثة. داخل جدرانه الأربعة الخالية من النوافذ، كان يستطيع أن يحصي أنفاسه، ونبضات قلبه، وخفقانه، والصرخات الرقيقة للنمل في الشوارع بحثًا عن الطعام ورفاقه. الأصوات القادمة من خارج الزنزانة لها مكانة ومعنى فريدان. وبعد منتصف الليل، كان لاقتراب البعوض غرض مختلف. لقد حملوا الموت بأيديهم القوية.

ولكن كانت هناك رغبة في الموت حتى قبل أن يضرب وجه آبو. فاضت شفتاه بالدم، وتحطمت أسنانه وتحطم أنفه. لقد كانت ضربة قوية. صرخ قائلاً: "والدتك فيشيا"، وسمعه جميع الطلاب. بدت أمبيكا خائفة. لكن سحق أنف آبو كان له أسبابه. كيف يجرؤ على وصف أمي بالعاهرة؟ لقد كان عقابًا، وليس رادعًا، وليس تصحيحًا، بل انتقامًا، مثل انتقام الساكوني في الماهابهاراتا.

نشأت رغبات الموت عندما ثرثر بعض الطلاب وأبدى المعلمون تعاطفًا غير مرغوب فيه. لقد كانت رغبة شديدة في الاختفاء من الوجود. حتى عند الولادة، كان هناك شوق أولي للموت. اعتادت الأم أن تقول إن طفلها كان يكافح مراراً وتكراراً لسحب الفراش على وجهه بيديه الصغيرتين، مما يؤدي إلى اختناق تنفسه. كانت أمي على حق؛ كان للموت إثارة؛ لقد حققت الرغبة في العيش. أمي وأبي وأبو ومدير النزل والقاضي والسجانون والخنازير في حظيرة الخنازير لجورج موكين يتلوون يومًا بعد يوم للموت، لتجربة لمسة الموت، دافئة وباردة، ناعمة وخشنة. إن رؤية جسد أمي الهامد معلقًا على الصليب أمام الكنيسة غرس الهدف الفاسد للحياة، وهي حقيقة كانت واضحة ووحشية، ولكنها خلقت آلامًا دائمة. كان هدف الحياة

هو الموت، وكل أشواق الحياة كانت أشواق الموت. صنعت أمي قوسها من قذائف جوز الهند. وبعد منتصف الليل ذهب إلى الكنيسة، وكان يعرف الصليب الحجري الضخم لأنه كان يضع كل يوم أحد نقوداً في الصندوق المجاور للصليب. لم تنس أمي أبدًا أن تشعل شمعة وتصلي وتطوي يديها في صمت. وناشد قلب يسوع الأقدس ومريم العذراء والقديس توما الرسول، الذي حول أسلافه عندما هبط على ساحل مالابار عام 52 م، لحماية توما كونج وكورين. ألقت الحبل على يدي الصليب وربطته بنفسها بقوس باستخدام كرسي بلاستيكي. كان من الممكن أن يخيفها الملف، لكنه خنق رقبتها وخنقها حتى الموت.

أحد عشر عامًا في السجن علم توما كونج العديد من الدروس. يمكنه التمييز حتى بين أدنى ضجيج ليلي. كان الموت صامتا؛ لم تصدر ضوضاء أبدًا. التحضير للموت خلق الأصوات والغضب. وكان الصمت في السجن تعبيراً عن الحداد والألم. كانت هناك أغنية جنائزية مخبأة في الصمت، وكان عليك أن تكون منتبهًا جدًا لسماعها. كان الأمر أشبه بالاستمتاع بالموسيقى الجنائزية؛ كانت جميلة وهادئة وسعيدة. لن يلمسها أحد لو كانت نشازًا، وليست إيقاعية، ومبهجة. لم تكن هناك موسيقى في جنازة أمي. ورفض الكاهن دفنها في المقبرة قائلا إنها آثمة وشنقت نفسها. وكان في عينيه شر وشهوة. وبعد سنوات، قال جورج موكين إنه دفع مبلغًا ضخمًا للقسيس للسماح له بحفر قبر والدته، لكنه لم يكشف عن المبلغ. فهمت موكين رغبة ماما في الموت، وهي تكافح من أجل العيش.

حاولت أمي الحصول على وظيفة كناسة في مدرسة عامة. أمر التعيين رفع معنوياته وسرعان ما اختفى صمته. كانت لغته الإنجليزية ممتازة، إذ كان يعرف القراءة والكتابة جيدًا. درست في مدرسة عامة في كودايكانال، لكن والدتها لم تتمكن من إكمال دراستها الجامعية ولم تحصل على التدريب التربوي للتدريس في مدرسة ابتدائية. خلال سنتها الثانية في الجامعة، حملت وبعد الولادة ذهبت إلى مالابار مع كورين، لكنه لم يكن والد توما كونج. لقد أخبرت إميلي أبي، حتى قبل أن تتزوج، عن علاقتها بمحامي تخلى

عنها. قرار أبي بالزواج من أمي لم يكن من باب التعاطف، بل من باب الحب. عملت كورين في حظيرة الخنازير الخاصة بجورج موكين وكانت إميلي تعمل كناسة في مدرسة عامة. حتى أن مدير المدرسة كان يطلب منه المساعدة في كثير من الأحيان في كتابة الرسائل والتعاميم باللغة الإنجليزية.

عندما كان توما كونج في الثانية عشرة من عمره، شاركت إميلي قصتها معه؛ ظنت أن ابنها يجب أن يعرفها، ولم تخجل. قبل توما كونج سيرته الذاتية ورفع رأسه عالياً.

طالب كاهن الرعية بمبلغ كبير، رشوة مقابل وظيفة كناس في مدرسة الرعية، على الرغم من أن الحكومة دفعت الراتب في المدرسة التي تديرها الكنيسة.

ولدفنها في مقبرة الكنيسة، قبل الكاهن مبلغا.

ساعد أبي موكين في إعداد وتشغيل مزرعة الخنازير، حيث تدرب في مدرسة بيطرية لمدة عام وتعلم تقنيات جديدة لتربية الخنازير. كان أول عامل بدوام كامل في Mooken وقام بعد ذلك بتدريب خمسة عشر عاملاً وترقى إلى منصب مشرف في غضون عشر سنوات. ذهبوا إلى مزارع الخنازير في إيدوكي ووايناد وكورج لشراء شاحنات محملة بالخنازير الصغيرة. ازدهرت الخنازير. قام Mooken بتصدير لحم الخنزير إلى العديد من المطاعم والفنادق في جميع أنحاء الهند. حصل على الأراضي والبضائع والسيارات والشاحنات، وأعطى خمسين سنتًا من الأرض لبابا وساعده في بناء منزل يضم ثلاث غرف نوم ومطبخًا ومراحيض. ولكن قبل أن يتم لصقها، مات بابا. قامت شرطة كارناتاكا بضربه بلا سبب. وبحسبهم، لم تكن الشاحنة تحمل أي شهادة صالحة لمكافحة التلوث، حيث كانت صلاحيتها منتهية الصلاحية قبل أسبوعين. كان من الممكن أن ينسى موكين الحصول على الشهادة، على الرغم من أنها لم تكن جريمة يعاقب عليها بالإعدام.

غالبًا ما فرضت شرطة كارناتاكا عقوبات قاسية على سائقي الشاحنات الذين عبروا حدودها لأسباب واهية. وطالبوا برشوة قدرها

ألفي روبية، فرفض بابا الدفع. كان موكين قد دفع المبلغ لأنه حث البيروقراطيين والكاهن على الحصول على فوائد مختلفة، لأنه بدون دفع الرشاوى كان من المستحيل فتح مشروع تجاري. أراد أبي توفير أموال صاحب العمل، مما أدى إلى نهايته القاسية. لقد كان رجلاً صغيراً. ولم يتمكن جسده الهش من الصمود أمام الاعتداء السادي من قبل الشرطة، وتوفي هناك متأثرا بجروح خطيرة. لقد تقيأ دماً. كان بعض ضباط الشرطة فظيعين وقاسيين، وتصرف الكثير منهم بطريقة غير إنسانية لكسب المال. بالنسبة لهم، كان على أبي أن يدفع غرامة رفض دفع الحافز، الذي اعتبروه حقهم. وكانت جميع أحكام الإعدام انتهاكاً للحقوق، سواء كانت حقيقية أو متخيلة. لكن بعض المحكوم عليهم بالإعدام كانوا أبرياء. كان الناس يهتمون بالضحية فقط، ونادرا ما يهتمون بالشخص المدان، وكثير منهم لا علاقة لهم بالجريمة. نادراً ما يهتم المجتمع ببراءة المتهم الذي لا صوت له. كان على شخص ما أن يموت ويدفع الثمن النهائي؛ وبعد وفاته شنقاً أو على يد الشرطة، لم يهتم أحد بالتحقق مما إذا كان الشخص الذي فقد حياته بريئاً. بكت أمي عندما رأت ذراعي أبي وساقيه مكسورتين، لكنها لم تستطع أن تتخيل كبده المحطم، ورئتيه المثقوبتين، وقلبه، وبنكرياسه.

اختلقت شرطة كارناتاكا قصة فيل مجنون سحق جثة بابا. لا يمكن حبس الحيوان الغاضب. لقد وصل الأمر إلى أذهان الشرطة وأولئك الذين سمعوا القصة. حتى بعد وفاة بابا، ماما نسجت الأمل في الحياة.

كان الأمل واليأس يسيران جنباً إلى جنب، ولم يكن من السهل التمييز بينهما عندما انفصلا. وعندما أصدر القاضي الحكم، ساد اليأس والترقب، والألم من فقدان أسلوب الحياة، والرغبة في رؤية الجديد. وحتى عندما خسر استئنافه الأخير، كان هناك حزن وتفاؤل: حزن لفقدان زنزانته، ولكن حماسة لرؤية السقالات. وبينما كان معلقًا، سيكون هناك خراب وثقة. سيكون الموت فرحًا مطلقًا؛ يشد الحبل ويتدلى الجسد في الهواء. سيتحدى القانون الجنائي وموظفي السجون وباداتشون. وكما تحدت أميرة الله، تحدت إميلي مخلصها المصلوب؛ يمكنه التغلب على الموت عندما يرتعد الآخرون من الفكرة.

أبقى توما كونج أذنه اليسرى ملتصقة بالأرض، إذ فقدت أذنه اليمنى السمع جزئياً في مركز الشرطة عندما هاجمه ضباط إنفاذ القانون أثناء احتجازه.

سمع توما كونج صوت ارتطام المفاتيح المعدنية وهي تفتح الأقفال. وكان للزنزانة قفل مزدوج، قفلان ضخمان تم تركيبهما في ورشة الحدادة بالسجن، حيث كان يعمل لمدة ست سنوات. أمضى عامين في النجارة وسنتين أخريين في المزرعة. وبعد رفض استئنافه الأخير، تم وضعه في زنزانة ذات أقفال مزدوجة لإغلاق طرق هروبه. وكان ينتظر الإعدام لمدة عام. كل صباح كنت أنتظر بفارغ الصبر وقع الأقدام وصوت الأحذية. من الثالثة إلى الخامسة والنصف صباحًا كان الوقت الأكثر حزنًا لتحقيق الحياة؛ وكما كانت أمي تقول: "هذا البؤس هو معنى الحياة، ولكن فيه رضا". لقد منحه الانتظار الأمل والقلق عندما سمع وقع الأقدام المهيبة وصوت الخواض الثقيل.

كان يسير إلى جانب المشرف اثنان من السجانين وحارس وطبيب. وكانت الأيدي مقيدة إلى الخلف. لقد كان عرضًا مثل ذلك الذي حدث في جانباث في يوم الجمهورية. كعضو في الكشافة، شارك توما كونج فيها ذات مرة. كان في الصف الثامن وكان الطالب الوحيد الذي تم اختياره من مدرسته. كان الاختلاف الوحيد هو أن المسيرة إلى المشنقة لم يكن بها فرقة موسيقية أو موسيقى أو خيول، ولم تتطلب تدريبًا مسبقًا. تلقى توما كونج تدريبًا لمدة ثلاثة أشهر استعدادًا لاستعراض يوم الجمهورية، وشهرين في مقر المنطقة، وشهرًا واحدًا في نيودلهي. كانت إميلي على قيد الحياة في ذلك الوقت. لقد شاهدت البرنامج بأكمله على شاشة التلفزيون. بعد العرض عاد إلى المنزل ومعه العديد من الهدايا لوالدته بارفاثي وجورج موكين والمعلمين والأصدقاء. كانت هناك نسخة طبق الأصل من القلعة الحمراء لأمبيكا. احتضنته إيميلي، وشعرت بالفخر به. احتفلت المدرسة بأكملها. لقد كان بطلا. لكن العرض مع ضباط السجن انتهى بالشنق. عادة، كانت عمليات الشنق تتم في الصباح الباكر، حوالي

الساعة الخامسة مساءً. كانت هناك مشنقتان على نفس المشنقة، لذلك يمكن شنق سجينين في وقت واحد.

وقال القاضي، عند النطق بحكم الإعدام، إن الشنق عقوبة غير مؤلمة وهي الأنسب للثقافة الهندية، على الرغم من أن البريطانيين أدخلوها. لقد تحدث كما لو كان قد جرب ذلك. ربما تكون قد اختبرت ذلك في عقلك آلاف المرات. قبل الحكم البريطاني، كان لدى المغول أساليب مختلفة لإعدام المحكوم عليه، بما في ذلك سحق رأس السجين بفيل أو قطع رأسه بالسيف، مثل حفنة من المارقين الأميين الذين قاموا بغارة ليلية على الواحات العربية التي يسكنها المغول. اليهود، لمتع اثنتين وسبعين ساعة في حياتهم الآخرة.

كان القاضي رجلاً في منتصف العمر. سيبدو توما كونج مثل القاضي عندما يبلغ سنه. كانت له لحية رمادية فاتحة، وكانت لدى توما كونج لحية داكنة، لأنه لم يكن يستطيع حلق لحيته عندما كان في الزنزانة. وبعد أن اطلع القاضي على الملف وقرأ اسمه نظر إليه بفضول. كان توما كونج هو المتهم. وأودعه القاضي السجن حتى الجلسة النهائية. كان القاضي رجلاً حراً، وأصبح توما كونج متهماً غير متهم.

عندما تمت إدانته، عمل توما كونج في الفرن وكان أفضل حداد. وكثيرًا ما قال السجان إن وظيفته رائعة، مثل وظيفة الألمان. قبل أن يتولى مسؤولية فرن السجن، تدرب السجان لمدة عام في ورشة حدادة في فولكلنغن. أحب توما كونج حرارة وصوت الحدادة والمنتجات النهائية التي قام بتشكيلها. لقد شكلت الأقفال التي حبسته، وكان على علم بذلك. قالت أمي وهي تطبخ: "شكل مستقبلك، وأغلق به حياتك، وألق بالمفاتيح في وادٍ عميق". تحدث عن عدم جدوى الحياة عندما تُترك وحيدًا، بلا أصدقاء، بلا صوت. تذكر توما كونج كلماته عندما كان في الفرن، لكنه كان سعيدًا بتشكيل الأقفال. داخل الزنزانة كان آمنا. كنت أعرف. كان الخطر خارج الزنزانة، وغرفة العقاب، والهراوات، والسلسلة، وأخيراً المشنقة. "أنت تختار مصيرك"، كان رأي السجان. لقد آمنت بالكرمة.

كان سجان الحداد يعتقد أن الإنسان مخلوق حر وأن كل إنسان يملك إرادة حرة؛ هم يفعلون ما يريدون. وبمجرد أن انتهكوا القانون، أصبحوا مسؤولين عن أفعالهم واستحقوا العقاب. لكنه كان مختلفًا عن السجانين الآخرين، إذ لم يقم أبدًا بجلد المدانين أو حتى الإساءة إليهم. ولم تكن يداه ملوثتين بالمال وأمتعة السجن. وبدلاً من ذلك، كرّس المشرف والمسؤولون الآخرون أنفسهم بحرية لجمع الثروة، الأمر الذي جعل سجان متجر الحداد غير مناسب في السجن. احترمه توما كونج، لكنه اعتبر فلسفته حول الجريمة ساذجة.

وكان السجان مؤمناً يصلي كل يوم. كان قد بنى مكانًا صغيرًا للعبادة في منزله بجوار غرفة الطعام، حيث صلى هو وزوجته غانيش، إله الفيل، بالزهور ومصابيح الزيت والبخور. تلاوة تعويذة فاكراتوندا غانيش، كان يقضي ما لا يقل عن نصف ساعة قبل المعبود.

كان البشر أحرارًا فقط بمعنى محدود، وكان ماضيهم وحاضرهم ومستقبلهم محددًا، لا مفر منه. لكنهم جميعًا امتلكوا القدرة على تحمل الشدائد وسوء الحظ، والتغلب عليها كما يستطيع البشر تشكيل بيئتهم المباشرة. بعد ثلاثة أيام من معركة ملحمية، تمكن صياد عجوز وحيد من اصطياد سمكة مارلن عملاقة أكبر بكثير من قاربه في وسط البحر. التقطه وربطه بجانب طوفه وجدف باتجاه الساحل. هاجمت أسماك القرش الأسماك، وقاتلها الصياد بلا هوادة. وعند وصول الصياد إلى الشاطئ، وجد الهيكل العظمي الممتد للسمكة التي اصطادها، فاجتمع الناس لرؤيتها. في تلك الليلة، نام وهو يحلم بالأسود. أخبرته أمي بالقصة؛ لم يتمكن توما كونج من فهم المعنى الكامل. لكنه علم أن البشر موجودون هناك ليفوزوا.

لم يكن توما كونج يحب التقوى ويكره الله. ويوم شنقت أمه نفسها على الصليب أمام الكنيسة، أحرقت صور قلب يسوع الأقدس والسيدة مريم العذراء والقديسين من جدران منزلها. قام بتجميع الرماد في كيس بلاستيكي وألقاه في البئر حيث قام جورج موكين بجمع بول الخنازير لإنتاج غاز الطهي. توقف توما كونج عن الذهاب إلى الكنيسة بعد جنازة والدته. أقسم أنه لن يدخل الكنيسة أبدًا

أو يعبد إلهًا قاسيًا ونرجسيًا. أكدت قصة رزاق أن باداشون كان شريرًا، إذ لم يكن بإمكان البشر التفكير في كيان أبدي كلي القدرة ليس شريرًا.

على الأقل مرة واحدة في الشهر، عندما تغرق الشمس في البحر ويغلف الظلام البلاد أو في الصباح الباكر، عندما لا يكون هناك أحد، كان يزور قبر إميلي ويشارك قصصه مع والدته.

كان توما كونج يكره الرحمة، لأنه كان يعلم أنها أداة لخلق الشفقة والطاعة. كان يحضر الكنيسة كل يوم أحد ويقضي عطلة مع والدته للعبادة عندما قال القس صلوات باللغة المالايالامية الممزوجة بالآرامية السريانية. لقد قرأ توما كونج الكتاب المقدس من الكلمة الأولى إلى الأخيرة، ولكن حتى عندما كان طفلاً كان يكره إله إسرائيل، الذي كان قاسيًا ومتعطشًا للدماء ويقتل الأطفال والنساء. طلبت منه إميلي ألا يقرأ العهد القديم، لكنها شجعته على التعلم من العهد الجديد، حيث كان يسوع هو بطل الرواية. لكنه رفض أن يصدق المعجزات التي صنعها، وخاصة تحويل الماء إلى خمر في قانا، وإقامة لعازر من بين الأموات. ضحك على الولادة العذراوية.

بعد وفاة إميلي، كان الوقت قد فات بالنسبة لها لتدرك أن القصص الموجودة في الكتاب المقدس كانت أساطير مثل الإلياذة والأوديسة، والمهابهاراتا والرامايانا، أو سحر رحيم الصحراء العربية. شعر توما كونج بالتعاطف مع إله موسى وإبراهيم عندما أصبح رجلاً.

إله الكتاب المقدس لم يكن صامتًا؛ لقد كان كيانًا صاخبًا مثل كيان أميرة. خلقت الضجيج والكراهية والاضطرابات العاطفية والانتقام والشهوة وسيف أكيم.

ولما قطع أكيم رأس المصري صمت الرحمن. لقد ظل هادئًا للغاية عندما تم إلقاء الأطفال حديثي الولادة في جحيم المشربية في حزم صغيرة من القماش، وبكى رزاق باداشوني بعد أن مرت أصابعه عبر جسد متحلل. وصمت تعالى عندما خلق أكيم حريمه مع العذارى من ماليزيا إلى مصر ومن أذربيجان إلى باكستان.

وفي حياة توما كونج أيضًا، كان الله صامتًا. كان صمتهم مفجعًا عندما تعرض بابا للضرب حتى الموت على يد شرطة كارناتاكا وهو في طريقه من فيراجبيت إلى كوتوبوزا. صمت الله عندما طلب الكاهن رشوة لتعيين إيميلي كناسة شوارع في مدرسة الرعية، والتي كانت الحكومة تدفع راتبها. لقد ظل صامتًا تمامًا عندما طلب الكاهن المال لدفن جثة أمي في مقبرة الرعية.

كان الصمت داخليا. كان لديه كون لا نهائي، وكان عليك أن تموت لكي تفهمه حقًا. ولم تكن لها حدود، إذ لم يكن بوسع أحد قياسها أو مشاركتها أو تربيتها. لم يصل السكون إلى كماله أبدًا، متجاوزًا قيمته في عدم الرغبة في أي شيء، ويفيض بحرية الخيال والتفكير والتأمل في الفراغ. كان الصمت، الذي كان خاملًا بشكل دوري، هو أقوى كائن في الوجود الإنساني، فهو يخترق دائمًا، ويتغلغل باستمرار، ولكنه فاسد المظهر. في الجوهر، ناقض نفسه ليزداد حجماً ومكانة، متشككاً في وجوده في الفراغ، الصمت مخالفاً للتعريفات. يمكنه أن يحتضنك بتعاطف أبدي وتوقعات مذهلة، وهو مجسات يصعب الهروب منها. كان السكون مختلفًا من شخص لآخر: عديم القيمة، زائف، مدمر للذات، مغر، مغري، وساحر دائمًا. دخل توما كونج إلى السكون بصمت، لكنه لم يعد أبدًا.

لكن الصمت لم يكن الحل للشر.

كان توما كونج على استعداد لاختراق هدوءه، والنوم داخل وجوده. كان الأمر محبطًا لأنه حاول مرارًا وتكرارًا لمس جوهر كيانه وعواطفه وتنفسه لتجربة الشوق العميق لإطفاء نفسه. سعى إلى الذهاب إلى أبعد من ذلك ومشاركة نبض قلبه ووعيه مع الذات بداخله، فتعمق في أعماق روحه. كان الفراغ الذي أحاط به مليئًا بالضباب الكئيب عن أمه وأبيه اللذين كانا يرويان قصص الألم والكرب. لكن رغبة الموت ظلت في صمته، وقفزت فوق عناوين معتقداته لتصل إلى والديه، مثل سعي رزاق للحصول على أميرة.

عاش لمدة عشر سنوات بين جدران السجن الأربعة كمدان، في انتظار نتيجة استئنافه الأخير، وفي الحادي عشر، في انتظار

المشرف والسجانين والحراس والطبيب ليقودوه إلى المشنقة. كان ينتظر خطواتها من الثالثة إلى الخامسة والنصف صباحًا، كل يوم، كل ساعة، كل دقيقة، وكل ثانية.

وأخيرا وصلوا.

سمع صوت المفتاح على القفل الذي صممه لفرن السجن. لقد حبسوه بالداخل بنفس القفل. عندما كان يعمل في الفرن، عرف توما كونج أنه كان يصنع قفلًا لقفل زنزانته.

لم يكن في زنزانته سوى مصباح كهربائي خافت؛ كان مفتاحه معطلاً.

كان للضوء الخافت صمته.

خلال الليل، كان هناك ضوء فقط من السابعة إلى الثامنة. لقد كان الضوء الذي خلقه شخص ما. وفي المرحلة الأخيرة من حياته تخلص من الذات ووجود ما بعد وجوده. لقد كان ذلك تناقضًا، لكنه حقيقة بالنسبة لتوما كونج.

"لن تبكي من أجل الحياة، ولن تتوق إلى الملذات، ولن تفكر في المستقبل، وسوف تنسى الماضي"، قال توما كونج لنفسه.

وأكد: "عندما تضيع، لا ترى الحبل، ولا تلمس عقدته في حلقك، ولا ترى المشنقة".

لم يستطع رزاق التغلب على إحباطه وعاش من جديد عملية الإخصاء. قام أكيم بإخصائه مرة واحدة فقط، لكن رزاق تم تعقيمه في كل دقيقة من حياته. تمكنت أميرة من تجاوز الإحباط، وفهم عدم أهميتها وتناقص عوائدها. لقد بنى عالمًا بحبه لرزاق، ورؤية للعمل الجماعي والمشاركة والدفء. كانت على استعداد للسفر معه، لاحتضانه بشغف دون استغلال قيوده، لتعيش من جديد حبها لأمتها. أصبحت أميرة رزاق لكنه لم يستطع أن يردها بحياته. كان على استعداد لتركها في الجحيم، الجنة الأرضية، مع ساعات أرضية

لأكيم. كان لأميرة حبٌ كسر كل حواجز الصمت وتجاوز ما يمكن أن يصل إليه الرمح.

نزلت أميرة إلى الجحيم وتجرأت على ذلك. بحث عن رزاق فوجده على قيد الحياة أعطاه السعادة. أميرة هزمت الموت. بالنسبة لإيميلي وأميرة، كان الصمت هو وجود الحياة بلا حدود، لأنها حياة بلا خوف. لم تكن أميرة خائفة من الذهاب إلى الجحيم وإطعام رزاق؛ كانت إميلي شجاعة في حماية الجنين من رغبات والدها البيولوجي. لقد سافر إلى ما وراء الزمن، خارج الخوف والكراهية. صمت إميلي وأميرة نقل صورة للفضاء اللامتناهي والحب الأبدي. تخلت أمي عن صمتها لتتمتع بحريتها، لأنها لم تستطع أن تتحمل الافتراء والعار وأكاذيب الكاهن.

كان صمت القاضي محدداً سلفاً، إذ كان يؤمن بوجود الشيطان، لكنه نسي سلوكه. عندما كان محامياً، أصر على إجراء عملية إجهاض لامرأة شابة. رفضت المرأة وكان يحمل ضغينة في قلبه عندما أرسل القاضي ابنه إلى الشنق. لقد قرر القضية حتى قبل جلسة الاستماع. لقد أدان بالفعل توما كونج عندما كان في بطن أمه. فكر القاضي في الذنب الذي وقع عليه كمحامي لرفض امرأة وعدها بتوفير الاتحاد والرفقة والسعادة. لقد حملها لسنوات عديدة. ورغم أنها كانت صدفة غريبة، إلا أنه احتفل بها. سلم الشريط إلى توما كونج.

خلق الصمت ظلالاً وحارب توما كونج الظلال داخل زنزانته.

وفجأة انفتح باب الزنزانة وظل مفتوحا جزئيا. دخل المشرف وتبعه اثنان من السجانين وحارس وطبيب. كانت هناك رائحة الموت، لأن المسؤولين والحراس كانوا في وضع مستقيم ويرتدون الزي العسكري. وكان الطبيب يرتدي ملابس مدنية.

قام الحارس بتقييد يدي توما كونج بالأغلال وأغلق الباب. وسلم المفتاح للمشرف .

قام الطبيب بقياس نبضه ونبض قلبه وقام بتشخيص الحالة العامة لتوما كونج. وفي دقيقتين انتهى التحقيق. ثم أخذ دفتر السجل الطبي

وكتب اسم المحكوم عليه وعمره وحالته الصحية والتاريخ والوقت. وكتب في الفقرة التالية:

"توماس كونج، 35 عاما، مؤهل للإعدام." وكتب اسمه ووقع بالتاريخ والوقت.

سلم الطبيب المذكرات إلى المشرف. قرأ المعلومات التي كتبها الطبيب، وكتب اسمه ووقع عليها التاريخ والوقت.

كما كتب أسماء السجانين والسجانين وطلب منهم التوقيع بأسمائهم والتاريخ والوقت.

قال المشرف: "لقد انتهى الأمر".

اقترب السجانون واتخذوا مواقعهم على جانبي توما كونج؛ وقف الحارس خلفه. ثم استدار المشرف نحو الباب؛ وقف الطبيب خلفه، ووقف توما كونج خلف الطبيب. تقدم المفوض؛ وكانت تلك هي الخطوة الأولى نحو المشنقة. وكان القاضي قد اتخذ القرار قبل أحد عشر عاما.

كان توما كونج صامتا. كان يتأمل في الحبل.

28

الخلية

وكان في الزنزانة خمسة رجال أحرار ومدان واحد، وهو السجين المحكوم عليه بالشنق من رقبته حتى الموت. وكانت الزنزانة عبارة عن زنزانة بلا نوافذ تبلغ مساحتها مترين في مترين، وهي صغيرة جدًا بحيث لا تتسع لهم جميعًا. لم تكن فتحة التهوية التي تلامس السقف فوق اثني عشر قدمًا للهواء النقي مرئية من الأرض بسبب سماكة الجدار. وكانت جدران الزنزانة مبنية من صخور الجرانيت والأسمنت. كان هناك حوالي عشرين زنزانة من هذا القبيل في السجن الواقع في مقر المنطقة، وهي بلدة كبيرة في مالابار على شاطئ البحر.

كانت قرية توما كونج، أيانكونو، على بعد حوالي خمسة وخمسين كيلومترًا من السجن، على طريق الولاية السريع المؤدي إلى ميسور عبر كوتوبوزا. كان هناك نهر يتدفق من كورج، كوداجو باللغة المحلية، على الحدود الشمالية والغربية لقريتهم، ويلامس مدينة نابضة بالحياة تسمى إيريتي. يتدفق النهر إلى بحر العرب بالقرب من فالاباتانام، على بعد بضعة كيلومترات شمال السجن.

نظرًا لأن السباحة كانت هوايته خلال سنوات مراهقته، فقد عبر ثاما كونج النهر في مناسبات عديدة، حتى أثناء الرياح الموسمية. كان أطفال آخرون خائفين أو غير مهتمين بالقفز في الماء عندما كان النهر مرتفعًا وكانت التيارات مميتة. عندما كان في الخامسة عشرة من عمره، أمسك توما كونج بقطعة كبيرة من الخشب يبلغ طولها حوالي عشرين قدمًا، وجرفتها الأمواج من الغابة، وسحبها نحو الشاطئ، وهي مهمة شاقة للقيام بها بمفرده، ودفعها إلى بر الأمان. وفي كثير من الأحيان، اصطدمت هذه الأخشاب الطافية بأعمدة جسر إيريتي الحديدي مما أدى إلى إتلاف أعمدته أو إنشاء سد صناعي يمنع مرور المياه.

وفي اليوم التالي، جاء ضابط إلى منزله وطلب من توما كونج مقابلة مفتش الشرطة في مكتبه. عند وصوله إلى مركز الشرطة، كان الضابط فظًا واتهم توما كونج بسرقة بضائع من إدارة الغابات. أخبره توما كونج أنه لا ينوي سرقتها. لقد أراد حفظه لإدارة الغابات والاحتفاظ بالجذع الخشبي على ضفة النهر. بالإضافة إلى ذلك، كانت تحاول حماية أعمدة الجسر من الأضرار الجسيمة. ولم يكن ضابط الشرطة على استعداد لقبول أسبابه، واضطر توما كونج إلى زيارة مركز الشرطة ست مرات لإقناعه ببراءته. غالبًا ما كانت الشرطة تلعب مثل هذه الألعاب لانتزاع الأموال من القرويين الأبرياء. وكان ذلك أول لقاء له مع الشرطة.

منذ سنوات مراهقته، كان يعلم جيدًا أن والده قد تعرض للضرب حتى الموت على يد شرطة كارناتاكا. كانت شرطة ولاية كيرالا عنيفة وقاسية بنفس القدر.

جميع كبار المسؤولين في إدارة السجون ينتمون إلى الشرطة. لكن أولئك الذين تقل أعمارهم عن المشرف جاءوا من نظام السجون، وهم موظفون مدربون خصيصًا للتعامل مع النزلاء الذين يعانون من مشاكل اجتماعية ونفسية متعددة. تلقى بعض السجانين تدريبًا في الإدارة والعمل الاجتماعي وعلم النفس السريري والاستشارة. لقد تصرف هؤلاء المسؤولون المدربون بشكل أكثر دقة مع السجناء. وكان سجان الحداد قد تلقى تدريباً في ألمانيا.

قبل رفض استئنافه الأخير، كان توما كونج يعمل في محل للحدادة وينام في المهجع الرئيسي الذي كان يؤوي حوالي خمسين سجينًا. كانت هناك خمسة مهاجع من هذا القبيل، وكانت أكثر ملاءمة للسكن نسبيًا من الزنزانة.

وفي إحدى زوايا الزنزانة كان هناك مرحاض؛ لم يكن هناك سوى مياه جارية لمدة ساعة في الصباح وفي الليل. كان هناك كوب بلاستيكي للاستحمام والتنظيف ومياه الشرب، وكان توما كونج ينام على حصيرة منتشرة على الأرض؛ لم يكن هناك وسادة أو سرير أطفال. كانت السجادة المنسوجة من الأوراق الجافة لنباتات الصنوبر

اللولبي تبدو خشنة، وقد رأى مثل هذه النباتات بالقرب من الجداول والمسطحات المائية في مالابار. ورأيت أيضًا نساء يقطعن أوراق الصنوبر الحجرية، ويجففنها في الشمس، وينسجن السجاد. وكانت هناك سجادات للأطفال والرضع والكبار، بعضها ملون وذو حواف مستديرة.

في طفولتهم، كان توما كونج وإيميلي وكورين ينامون على الحصير مع وسادة على الأرض. يتذكر أن والدته كانت تأتي إلى غرفته الصغيرة وتتحدث معه وتغطي جسده ببطانية خفيفة كل يوم قبل النوم. كان يأمل دائمًا في الحصول على قبلة الوداع؛ كانت حلوة وناعمة. وقبل أن تعود داعبت جبهته قائلة:

"نم جيدًا، نم جيدًا يا كونج مون." كانت تناديه دائمًا بكونج مون. مون في المالايالامية تعني "الابن الحبيب".

"أنا أحبك يا أمي،" أجاب توما كونج وقبل خديها.

عندما كان في الثامنة من عمره، نام على سرير لأول مرة. كانت مصنوعة من خشب الساج. تم التبرع بالخشب من قبل جورج موكين، الذي كان لديه حوالي عشرين شجرة ضخمة من خشب الساج في مزرعته. شاهد توما كونج بذهول عاملين يقطعان الخشب بمنشار متقاطع. تم تصميم المنشار لقطع جذوع الأشجار عبر حبيبات الخشب. أطلق العمال على المنشار اسم أراكوال، لكن جورج موكن أطلق عليه اسم المنشار المتقاطع. شكلت حافة كل سن زاوية متناوبة على المنشار، مما ساعد كل سن على قطع الخشب، على غرار حافة السكين. أعجب توما كونج بالطريقة التي عمل بها العمال بمنشار الصليب وأراد الانضمام إليهم. استجمع شجاعته وأعرب عن رغبته، لكنه تعرض للاستياء وتم تذكيره بالتركيز على دراسته، مما أثار خيبة أمله.

استدعى كورين نجارين للعمل من المنزل، وعملا لمدة عشرة أيام لصنع سريرين. استمتع توما كونج بمشاهدة النجارين وهم يستخدمون أدواتهم، وخاصة المطارق وشريط القياس والمربعات وأقلام الرصاص والمفكات والأزاميل والمناشير الدائرية والمثاقب

الكهربائية. وبعد يومين، أخبر رئيسه أنه يريد أن يصبح نجارًا. ضحك المستري بصوت عالٍ وأخبره أنه يجب أن يصبح مهندسًا. لكن توما كونج أصر على أن يكون نجارًا وطلب منهم قبوله في فريقهم. النجار الآخر، الذي كان يستمع بانتباه، أخبر توما كونج أنه يمكنه العمل معه لمدة خمس دقائق، وأنه إذا كان يحب عمله، فسيأخذه كمساعد، ويعطيه شريط قياس وقلم رصاص لوضع العلامات. كان توما كونج سعيدًا بالعمل كنجار لمدة خمس دقائق على الأقل. لقد شعر بالبهجة، لأنه كان يقدر العمل بيديه.

كان Thoma Kunj يعتز برائحة خشب الساج المنعشة، ويعتقد أن أسرة الأطفال كانت رائعة. اشترت أمي مرتبتين قطنيتين مع وسائد. تم وضع المرتبة على قاعدة سرير الأطفال، وتم وضع الوسادة في الأعلى. السرير والحشوة كانت جميلة. كان الكذب عليهم مريحًا. لأول مرة، نام توما كونج على سرير أطفال. قام بطوى السجادة واحتفظ بها في غرفته كتذكار، حيث أن النوم عليها ساعده على تطوير عضلات قوية وسهل عليه تنظيم جسده حسب خشونة الأرض، وهو ضبط غير مرغوب فيه لحياته المستقبلية. في السجن.

وينام السجناء على حصائر منفصلة دون وسائد. في السجن، كانت الوسادة ترفًا، وكانت محظورة. ولتغطية الجسد وحمايته من البرد والبعوض، تم وضع غطاء سرير قطني سميك مصنوع في السجن. لكن في الزنزانة لم يكن هناك سوى بساط، دون وسادة أو ملاءات لتغطية الجسم. خلال الرياح الموسمية، كان البرد لا يطاق.

لم يكن هناك كرسي أو سرير أطفال في الزنزانة، لذا كان الجلوس على الأرض لساعات طويلة أمراً مملاً ومرهقاً. كثيرًا ما كان توما كونج يفكر في الكرسي الهزاز في المنزل. اشترى كورين كرسيًا هزازًا من خشب الورد بعد عام من حصوله على سرير الأطفال. كان خشب الكرسي الهزاز بنيًا محمرًا عميقًا مع علامات حبيبية داكنة جذابة وحبيبات متشابكة. الجلوس على الكرسي الهزاز لساعات كان تجربة رائعة، وكانت تجلس عليه كل يوم كلما كان لديها وقت فراغ. وفي يومه الأخير في المنزل، كان يتأرجح على

الكرسي الهزاز ورأى وصول ضباط الشرطة. لقد عادت لتوها من ملجأ النساء العاملات.

عادةً ما كان لدى توما كونج الكثير من العمل في حظيرة الخنازير كل يوم ما عدا أيام الأحد. في ذلك الأحد، ذهبت إلى مأوى النساء لإصلاح الأنبوب المعيب الذي يصل خزان المياه المرتفع. لقد كان إصلاحًا بسيطًا، ولم تكن هناك حاجة إلى ترميم فوري. كان بإمكان المدير أن ينتظر يومًا آخر، أو حتى أسبوعًا. لم يكن الاتصال به يوم الأحد ضروريًا؛ كان بإمكاني أن أطلب من السباك أن يقوم بهذا العمل. كان من الممكن أن يكون سباك النزل قد رأى تسرب المياه؛ كان من الممكن أن أتركه ليوم آخر. شكك توما كونج في نوايا مسؤول النزل لأنه لم يكن من الضروري استدعاء شخص مجهول إلى نزل للنساء يوم الأحد للقيام بهذه المهمة. كان عليه أن يركب دراجته لمدة عشرين دقيقة للوصول إلى النزل. لقد قبل الوظيفة فقط لأن جورج موكن أصر. كان آمر السجن يعرف جورج موكن عندما كان يزود النزل بالحليب واللحوم والبيض.

أعد توما كونج لنفسه كوبًا من الشاي وارتشفه وهو يتأرجح. عند الغسق، رأى ثلاثة أشخاص يقتربون، وعندما رأى وجوههم، أدرك أنهم ضباط شرطة يرتدون الزي الرسمي، ومفتش وعميلان. كانت هذه آخر مرة جلس فيها على كرسيه الهزاز المفضل.

في البداية، أدى عدم وجود كرسي أو سرير أطفال إلى الشعور بالانزعاج، حيث لم يكن هناك مكان للمشي في الزنزانة. لكن توما كونج كان يمارس الرياضة كل صباح ومساء لمدة ساعة للهروب من ضعف العضلات وآلام الجسم وخفقان القلب والملل الشديد.

لم يعرف توما كونج أبدًا سبب وجود الزنازين المربعة للمدانين. ذات مرة، في إحدى الثكنات، سمع أحد السجانين يقول إن العادة البريطانية هي أن تكون هناك زنازين مربعة للمدانين، حيث أن عدد حالات الانتحار فيها أقل. أحد الأسباب هو أنه لم يكن هناك مساحة كافية للمشي والقفز في الساحة. بالإضافة إلى ذلك، كان أكثر راحة للعقل من أي شكل آخر. كان السجناء في زنزانة دائرية أو بيضاوية

يصابون بالتوتر العقلي والهلوسة بشكل أسرع بكثير من المدانين في غرفة مربعة. كان للبريطانيين فرضياتهم؛ وكان بعضها لا يزال مجرد حدس، ولم يتم التحقق من نظرياته. عندما قاموا ببناء سجن في مالابار عام 1869، حاولوا تطبيق الخبرات التي جمعوها من السجون الأخرى في الهند البريطانية، وخاصة مدراس.

كانت أرضية الزنازين مرصوفة بألواح ضخمة من الجرانيت من تلال الجرانيت الضخمة في منطقة غاتس الغربية. كان منزل جورج موكين مبلطًا بألواح الجرانيت المصقولة من ميسور والجرانيت الخام في الفناء من كورج. كان أبي قد اشترى الجرانيت شبه المصقول من ماديكيري.

يشترط القانون الجنائي البريطاني أن تكون الأرضية صلبة في زنزانة السجن، مثل حياة المحكوم عليه. واستنادا إلى الأفكار الأخلاقية لجيريمي بنثام، اقترحت اللائحة عقوبات صارمة على المدانين. بالنسبة للعقلانيين، كانت الجريمة قرارًا بالإرادة الحرة، نظرًا لأن جميع البشر خلقوا بإرادة حرة، ويتصرف الأفراد بطرق تزيد من المتعة وتقلل من الألم. والعلاج الوحيد للقضاء على الجريمة هو العقوبة الرادعة. ومع ذلك، فإن تطبيق الانتقام كان واضحا في نظام العدالة الجنائية الذي أصدره صاحب الجلالة، والذي اعتمده حمورابي في بلاد ما بين النهرين، على غرار "العين بالعين والسن بالسن". في البداية، كانت هناك حاجة إلى فئتين فقط من موظفي السجن: حارس السجن والجلاد.

لم يسمع توما كونج قط عن حمورابي أو بنثام، ومع ذلك فقد عانى كثيرًا من نظامهم القانوني الرادع الانتقامي ونظام العدالة الجنائية الممتع. لم يعلم السجين أبدًا أن معاناته كانت بسبب المعتقدات المجنونة الحاقدة لملك بلاد ما بين النهرين والنفعية الإنجليزية. جلبت إدارة جلالته للعدالة الجنائية المعاناة والبؤس لملايين السجناء لأنها كانت مبنية على إملاءات حمورابي. على الرغم من أن البريطانيين كانوا مترددين في قبول ملك بلاد ما بين النهرين علنًا، إلا أنهم اعتنقوا بفخر المفاهيم النفعية للأخلاقي بنثام، الذي أذهلته غامضته

وجهله بالسوابق الاجتماعية والنفسية والبيولوجية للجريمة توما كونج في زاوية نائية من مالابار، في حين كان البريطانيون مستقلين. الهند اعتنق بخنوع الخصوصيات غير العقلانية لأسياده السابقين.

لم يفهم توما كونج سبب معاناته، والتي نتجت عن افتراض يسمى مبدأ المتعة والألم، وكانت العقوبة هي إلحاق الألم بالمذنب. لم يخالف القانون قط عمدًا ليختبر المتعة؛ كان بريئا. واعظ عاش قبل قرنين ونصف في إنجلترا قرر مصيره. حكم عليه أحد القضاة، وهو خطيب لامع، في ثلاسيري بالإعدام شنقًا، متقبلًا تعاليم بنثام التي حفظها عن ظهر قلب في كلية الحقوق. وكان أيضًا معجبًا بمبدأ الردع، متناسيًا مغامراته في الملذات. لا يستطيع القاضي أن يفكر فيما وراء مذهب المتعة؛ تم تأطير عقله وفقًا لذلك. وقد أجازت له كتب القانون معاقبة الأشخاص الذين تسببوا في الألم للآخرين، وكان القاضي جزءاً من نظام أنشأه الإنجليز خالياً من المعرفة بالسلوك البشري. لم يعاقب القاضي توما كونج بسبب ذنبه، بل لأنه الابن غير المرغوب فيه لمحامي شاب. كان عقل القاضي محددًا مسبقًا من قبل امرأة رفضت إجهاض طفلها، وكان توما كونج نتيجة لهذا الذنب. نسي القاضي الملذات التي كان يحصل عليها كمحامي شاب في كوتشي البعيدة، مما تسبب في الألم لتلك المرأة وابنها.

وكانت للزنزانة فتحة ذات إطار أسمنتي عرضها نصف متر، والباب مثبت من الخارج، وليس له مقبض من الداخل؛ لا يمكن فتحه من الداخل.

في الأيام الأولى في الزنزانة، رسم توما كونج رسومات لوالدته على الحائط بمخيلته. في البداية، لم يكن هناك سوى صورة واحدة، لكنه بدأ يخلق المزيد منها شيئًا فشيئًا، وبعد أسبوع، ملأ الجدران الأربعة بوجه والدته المبتسم. وفي الأسبوع الثاني، كانت الصور عبارة عن أفعال: الأم تطبخ، أو تعمل، أو تكنس، أو تتحدث، أو تأكل، أو تغسل الملابس. ثم أضاف صور والده. قام بتلوين صور الأم والأب، وتحويلها إلى فيلم سينمائي بعدة عناوين، قصص حب، أفلام أكشن،

أفلام إثارة، مباحث جريمة، وأفلام تاريخية. لعبت أمي دور ملكات العام الماضي بالتيجان والفساتين الملكية الفضفاضة، وكان أبي بجانبها دائمًا. لم يلعبوا أبدًا دور الشرير، بل البطلة والبطل. استغرق إخراج أفلامه وإنتاجها وتحريرها وإصدارها ومشاهدتها وقتًا طويلاً. مرت الأسابيع والأشهر، وعمل توما كونج بلا كلل واستمتع بإبداعاته.

قسم الجدران إلى أربعة أقسام وبدأ في رسم المناظر الطبيعية: التلال والأنهار والوديان والغابات والمراعي والحيوانات والطيور والأراضي الزراعية وأشجار الفاكهة مثل جوز الهند والجاك فروت والمانجو والموز وشجيرات القهوة مع التوت والأناناس. كان يراقبهم بسعادة ويتجول حولهم لأيام وأسابيع. احتضن أشجاره، وتحدث معها دون توقف، وأقسم أنه لن يقطعها. وكانت الأشجار حية وجميلة وقوية، تقف على سفوح التلال وضفاف النهر والوديان وأطراف المروج. بالنسبة إلى توما كونج، كانت الأشجار أجمل مخلوق على وجه الأرض، ولم يكن بإمكانه تخيل أرض بدون أشجار. وفي عالم خياله كان هناك مئات الأصناف من الأشجار، الأشجار العمودية، والأشجار المفتوحة الرأس، والأشجار الباكية، والأشجار المعلقة، والأشجار المعقوفة، والأشجار الزهرية، والأشجار الأفقية. وكانت هناك أيضًا أشجار تجري، وتقفز، وتنام، وتضحك، وترقص، وتغني. لقد كانت جميعها فريدة وجميلة وساحرة. تحتوي جميع الأصناف على أزهار وفواكه وبذور استثنائية. واكتشف أنهم يستطيعون التواصل مع بعضهم البعض ومع الكون والتعبير عن فرحهم وقلقهم وحزنهم بالتعجب. أذهلته أوراق الأشجار الفريدة. كان بعضها صغيرًا مثل رأس الإبرة، والبعض الآخر أكبر من أذني الفيل،

عندما جاءت الرياح الموسمية رقصت الأشجار تحت المطر. وفي الشتاء ينامون ويغطون أجسادهم ببطانيات سميكة. وفي الصيف تظهر أوراق وأزهار جديدة بترقب، وتنضج الثمار، وتدعى الحيوانات والطيور لتتغذى تحت ظلالها وعلى الأغصان. كانت

الأشجار أكثر الكائنات نكرانًا للذات على هذا الكوكب، حيث كانت تتنازل عن كل ثرواتها للآخرين، بما في ذلك أنفسهم.

مقلدًا والده، عندما كان في الرابعة من عمره، قام توما كونج بزراعة بضع بذور من الكاكايا والمانجو في زوايا أرضه. وبعد أربع سنوات، ظهرت الزهور وكان هناك وفرة من ثمار الكاكايا والمانجو اللذيذة. رقص بسعادة وأعطى جاك فروت وسلة مليئة بالمانجو لبارفاتي زوجة جورج موكين. عانقت توما كونج بمودة وقدمت له سترة صوفية أحضرتها من بنغالور. بعد تذوق الكاكايا والمانجو الناضجة، قام جورج موكين بزيارة توما كونج وذهب معه ومع كورين لرؤية أشجار الكاكايا والمانجو ولمسها وأعرب عن سعادته. كان جورج موكين وبارفاتي من محبي الأشجار، وقاما بزراعة مئات الأصناف في مزرعتهما، والتي تم جلبها من بلدان مختلفة. في ذلك اليوم، أعطى جورج موكين لتوما كونج طاولة دراسة وكرسيًا مهيبًا؛ كان سطح الطاولة مصنوعًا من قطعة واحدة من خشب الماهوجني. كانت القضبان الجانبية من خشب الساج، والأدراج والأرجل من خشب الورد؛ بدا المزيج رائعًا. كان الكرسي مصنوعًا من خشب الورد، وكان توما كونج يعتز بكليهما.

أنشأ توما كونج أرضًا زراعية على جدار آخر. بدت المنازل المبنية من الطوب اللبن والأطفال الذين يلعبون والنساء والرجال الذين يعملون في حقول الأرز سريالية ولكنها مسالمة. كانت هناك مدارس وملاعب وفصول دراسية مع الطلاب والمعلمين. في عالمه الخيالي، كان الكوكب أخضرًا وجميلًا. لم يكن هناك ألم أو معاناة أو مرض. وكانت والدته وأبيه هناك باستمرار.

قام برسم منزل جورج موكين وبارفاتي، وهي امرأة تركت والدها ومزرعة القهوة المزدهرة في كورج لتتزوج من رجل أحبته. في أغسطس 1972، هربت بارفاتي البالغة من العمر أربعة وعشرين عامًا مع موكين البالغ من العمر خمسة وعشرين عامًا، والذي انتظرها تحت شجيرات القهوة لعدة أيام. حملها جورج موكين على كتفيه أثناء عبوره جبال غاتس الغربية من قصر ديفا مويلي إلى

منزله الصغير في أيانكونو. كان يسير من الثالثة صباحًا حتى الثامنة ليلًا عبر مزرعة البن على المنحدر الشرقي لجبل سهيادري، والغابة الاستوائية الكثيفة حيث تتجول الحيوانات بشكل مهيب، ومزرعة المطاط والكاجو على المنحدر الغربي للجبل. كانت بارفاتي قد أكملت للتو درجة الماجستير في إدارة المزارع.

كان والد بارفاتي يمتلك مائتي هكتار من مزرعة القهوة ذات الأشجار الطويلة المغطاة بكروم الفلفل الأسود. كان والده ديفا مويلي من أغنى الناس في كورج. توفي ابنه الوحيد، وهو عقيد بالجيش، في الحرب الهندية الباكستانية عام 1965.

تخرج جورج موكين في الزراعة وتربية الحيوانات من كلية في بانت نجار. كان قد استأجر خمسين فدانًا من الأرض لزراعة الزنجبيل في كورج وعمل يوميًا مع العمال. كانت مزرعة الزنجبيل بالقرب من مزرعة القهوة الخاصة ببارفاتي. أثناء زيارتها للحقول المجاورة، رأت بارفاتي مزارعًا جديدًا يعمل مع عمال المياومة؛ أوقف سيارته وذهب إلى المنطقة وبدأ محادثة مع جورج موكين. لقد كانت محادثة مفيدة، وأدركت بارفاتي أن المزارع كان رجلاً مثقفًا ومليئًا بالأفكار الديناميكية والعملية حول الزراعة وتربية الحيوانات. كان حوارهم يوميا، ويتحدثون عن كل ما تحت الشمس من ملاحم وروايات وقصص قصيرة وعلم نفس الإنسان. إن إعجاب بارفاتي بصديقتها المزارعة لا حدود له. تحول الاحترام إلى حب، ورد عليه جورج موكن بحماس وصراحة. رافقها إلى مزارع القهوة الأخرى في كورج، وعادوا بعد ظهر نفس اليوم. كانت تلك النزهات مكثفة وكاشفة. لقد تعرفوا على بعضهم البعض وشخصياتهم ومهاراتهم وقدراتهم وعيوبهم. لقد تبادلوا الأفكار والفرضيات وقاموا ببناء عالم من الآمال والرغبات المتحمسة من حولهم.

وقع بارفاتي وجورج موكين في الحب وقررا قضاء بقية حياتهما معًا. وكان من المستحيل إقناع والدها، لأنه كان لديه خطط كثيرة لابنته. انزعج ديفا مويلي من قرار ابنته وألمه، وظل غاضبًا لعدة أيام وأصبح متصلبًا مثل صخور الجرانيت الموجودة على قمة

براهماجيري. قررت بارفاثي الفرار مع جورج موكين دون إبلاغ ديفا مويلي.

نظر توما كونج إلى لوحته التي تصور جورج موكين وبارفاثي على الحائط وأعجب بإصرارهما على تحقيق هدفهما المتمثل في البقاء مع بعضهما البعض حتى الموت. كما شعر توما كونج بهذا الحب تجاه أمبيكا. كان يعتقد أنها أبقت شغفها به مشتعلًا لفترة طويلة. بدأ الأمر عندما كانوا في الصف الثامن. لكنها لم تعبر عن نفسها لعدة أشهر، وعندما تحدثت عن ذلك احتفلوا، دون أن يعلموا أنه سيكون قصير الأجل.

في بعض الأيام، كان توما كونج يجلس ولا يفعل شيئًا. استراح عقله النشط. فكر في السنوات الأحد عشر التي قضاها في السجن، حيث كان يعمل في مزرعة السجن، حيث التقى رزاق. ثم عمل في النجارة، حيث تعلم أعمالاً مختلفة، وأحب أصوات الأدوات وروائح الخشب. كان لكل خشب رائحة مختلفة، وكانت الرائحة الطيبة هي رائحة خشب الساج وخشب الورد وشجرة الكاكايا. كان خشب الساج مقاومًا للماء والنمل الأبيض، وله بنية كثيفة ولكن خفيفة. كان معظم الأثاث مصنوعًا من خشب الساج، والذي كان الطلب عليه مرتفعًا. كان خشب الورد نادرًا وكان يُعرف باسم ملك الأشجار، ذو لون بني أو محمر وعروق داكنة. جميع الخزائن والخزائن في منزل جورج موكن كانت مصنوعة من خشب الورد، إذ لم تكن تحتاج إلى تلميع بسبب حبيباتها الأنيقة والمميزة والرائعة. استمر خشب الورد لمئات السنين. كانت شجرة الكاكايا والجاك البري المسمى أنجيلي رشيقتين ورائعتين. كان خشب الشيشام نادرًا ولكنه أنيق المظهر.

فكر توما كونج في فتح محل نجارة إذا نجح استئنافه ضد عقوبة الإعدام. وبعد قضاء عقوبة السجن المؤبد يعود إلى مدينته. ستجذب نجارته العديد من العملاء لأنه تعلم أحدث التقنيات والأساليب في الأعمال الخشبية. سيبلغ رزاق أنهم سيجتمعون في أيانكونو أو بوناني للاحتفال وتذكر انتصارهم على حياة السجن.

كان إدخال العلاج والإصلاحيات وتنمية المهارات والتوظيف والإرشاد والعمل الاجتماعي وإعادة تأهيل السجناء نتيجة لعصر النهضة الفرنسية. أثرت نتائج الأبحاث في علم الاجتماع وعلم النفس والسلوك البشري والإرشاد والعمل الاجتماعي على مسؤولي السجون ليصبحوا مستنيرين ويعملون من أجل رفاهية السجناء. لكن لم يكن هناك أخصائي اجتماعي أو مستشار أو ناشط في مجال حقوق الإنسان يعتقد أن توما كونج ليس لديه آباء أو أقارب أو أصدقاء ولم يكن مرتبطًا بالسياسيين. لقد تُرك بلا صوت، مرفوضًا، منسيًا، وسوء المعاملة مثل كلب الكعك. أبعدته مدرسته، وعذبته الكنيسة نفسياً، وأساء إليه المجتمع، وفرض عليه القاضي عقوبة الإعدام لإزالة عار خفي ولكنه مستمر في حياته. بقي جورج موكين وبارفاتي مع ابنتهما في الولايات المتحدة، وافتقد توما كونج إلى الأبد تعاطفهما وقربهما. ربما كانوا سيهجرون مزرعتهم في أيانكونو أو ينسون توما كونج إلى الأبد، لأنه كان على يقين من أنهم لو عرفوا عنه، لكانوا قد زاروه مرة واحدة على الأقل في السجن. لكن توما كونج غالبًا ما كان يحمل صور بارفاتي وجورج موكين على ضميره، وعدم معرفته بهما يؤذيه. لم يلتق توما كونج أبدًا بأشخاص غير أنانيين مثلهم، أو ربما لم يكن ليفهمهم، حيث ظل بارفاتي وجورج موكين لغزًا في قلبه.

لقد تعلم توما كونج أنه لا يوجد شيء مثل الإخلاص والالتزام؛ وسعى الناس إلى ثوابها ومتعها وفوائدها. كان البشر أنانيين. حمل محامٍ جشع إميلي وحكم على ابنها بالإعدام عندما أصبح قاضياً. كان مدير الملجأ الأناني يحمي ابن أحد السياسيين من العار. أراد أن يحمي مستقبل شاب أو عضو في البرلمان أو نائب أو وزير أو حاكم أو رئيس أو رئيس وزراء للبلاد أو حتى قاض. كان توما كونج مجرد عامل يومي، غريب يعمل في حظيرة للخنازير، شخص يقوم بإخصاء الخنازير حتى تنمو بسرعة وتكتسب المزيد من الثروة لجورج موكن.

كان الحب مجرد كلمة لا معنى لها، بدت أصداءها لا نهاية لها، لكنها مع شدها اختفت مثل حيل حبل الساحر. أحب البشر قتل حبهم، ثم

كرهوه لاحقًا، وفكروا بلا نهاية في القضاء عليه، ووضعوا خططًا معقدة للقضاء على الحب الذي كانوا يحتفظون به قريبًا من قلوبهم ويعتزون به بالكراهية لأيام وشهور وسنوات. جلب الحب الألم والعذاب والبؤس وتشويه السمعة والصراع لأنه امتلك الشخص الذي أحبه. في الحب لم تكن هناك حرية. كانت الحيازة هي العلامة النهائية. أحب أكيم محظياته ودفع كيسًا مليئًا بالمال لامتلاكهن، لكنه لم يتردد في قطع رؤوسهن عندما كان يكرههن. لقد أراد إبراهيم أن يضحي بابنه الوحيد إسحاق لإرضاء إلهه، وأراد الله أن يحصل على دم البشر عندما خلقهم بالمحبة. ألقى أولئك الذين رفضوا إرضائه إلى الجحيم الأبدي. كان الحب أسطورة، مثل الإله.

كان توما كونج وحيدًا في هذا العالم، مثل المخصي رزاق أو عجل البيسون الجريح. يمكن للمفترس اكتشافه بسهولة والانقضاض عليه. لقد كان غير مصحوب، مثل العجل المرفوض، المولود من أم وحيدة.

الخنازير المخصية ولم يكن هناك من يحمي النسل من سكينه، وكان يكسب عيشه من خلال إخصائهم. احتاج أكيم إلى إخصاء رزاق، لأن رزاق المخصي فقط هو الذي يمكن أن يكون عريسًا لمحظياته. لقد جعل رزاق يكون معه، ولم يكن أمام رزاق خيار؛ لقد تجاهل أكيم ومشربيته. لم يكن لرزاق حرية. لقد كان وحيدًا في الجزيرة العربية، مثل جمل صغير جريح وسط الصحراء الشاسعة التي لا نهاية لها. كان على رزاق أن يفقد رجولته من أجل البقاء على قيد الحياة، وكان أكيم يعلم أن نقطة ضعف رزاق كانت خصيتيه. كان لدى الله خصيتين متفوقتين على الإله، وقد رفض أن يعطيهما للبشر؛ وإلا لكان البشر قد خصوا الله. لقد اجتذب اكيم وملايين الناس من جميع أنحاء العالم بالحور والخمر، ليدخلوا الجنة ليحمدوه.

وكره الرحمن الحور العين فخلقها بلا خصيتين. وما كان أحد يدخل الجنة إلا بحور العين، ولم يكن هناك من يحمد الله تعالى. وبدون الحور العين لم تكن هناك جنة.

على الجدار المتبقي، رسم توما كونج إله إبراهيم وموسى وإسحاق ويعقوب، لكنه كان يكره الله. لقد شوه سمعة إله يسوع، إله كاهن الرعية، الذي طلب رشوة لجعل ماما كناسة شوارع في مدرسة تديرها الكنيسة، حيث دفعت الحكومة راتبها. في خطبته يوم الأحد، دعا القس ماما "veshya"، وكان توما كونج يكره إله النائب، مما أدى إلى خلق نائب له خصيتين. أصبح كراهيته لله لا حدود لها عندما رفض الكاهن دفن ماما في مقبرة الكنيسة. قام جورج موكين برشوة الكاهن وعرض عليه بعض الطين في نفس المقبرة التي دفن فيها أبي.

في اللوحات، بدا الله والكاهن متشابهين. ثم رسم توما كونج الجحيم مع لوسيفر، وكان يشبه الله؛ كان الله.

كانت الزنزانة عبارة عن جحيم مصغر، وكان حبل المشنقة عند مدخل الجحيم.

وكان الممر من الزنزانة إلى السجن ضيقا، وجدرانه عالية على الجانبين. وعبره كثيرون وأيديهم مقيدة خلف ظهورهم. لقد تم نقلهم إلى المشنقة لتحقيق رغبات القاضي، حيث أن جميع القرارات نشأت كرغبات. لم يكن توما كونج قد عبر هذا الممر بعد، وعندما فعل ذلك، ستكون رحلته الأخيرة. ولم يتمكن أحد، ولا حتى القاضي، من معاقبته بعد أن شدد الجلاد الحبل بعقدة على حلقه عندما تجاوز كل العقوبات. ولن يستطيع أحد أن ينتقم منه أو يردعه، وسيكون رجلاً حراً لأول مرة. لم يكن أحد حراً في هذا العالم، لأن الجميع حملوا عبء الوجود. لم يطلب توما كونج من والدته أن تنشئه. وبعد ولادته، عرف أنه قد انتهى. لقد كانت حرية الإنسان أسطورة، خرافة ابتدعها الأخلاقيون، وغرسوا تلك الحكاية في كل من له غرور كاذب يعزز رغباته وهلاوسه. وطبقوها على الآخرين الذين كانوا الضعفاء والمظلومين والمقهورين والضعفاء. لقد عززت عقوبة الإعدام الصورة الذاتية لدى قِلة مختارة من الناس، وظلوا يعظون لساعات عن فوائدها من أجل زيادة احترامهم لذاتهم. لم يحاول توما كونج رفع مزاجه، لأنه كان يعرف من هو؛ كان يعمل في حظيرة

للخنازير، والجميع يعرف ذلك. كانت والدته كناسة، وكان والده يعمل في حظيرة الخنازير، وسار على خطى والده.

على الجدار الأخير رسم الخنازير. لقد بدوا رائعين بأعين نصف مغلقة ولم تنظر أبدًا إلى السماء أو الشمس أو القمر أو النجوم. وكانت جميعها مخفية، ولم تتمكن الخنازير من رؤيتها؛ لم تكن موجودة بالنسبة لهم. كان هناك شيء ما عندما عرفه شخص ما. ولم يكن للخنازير إله. كانت جميع الآلهة تكره الخنازير، ورفضت الخنازير قبول إله. بالنسبة لهم، الله غير موجود. رسم توما كونج وجهه بين الخنازير، فبدا كالخنزير، وشعر بالسعادة.

خلق الله آدم على صورته في اليوم السادس، ففرح. كان توما كونج هو آدم الجديد.

كان توما كونج سعيدًا برسم بعض الخنازير الجميلة وأمهاتها وآبائها. صرخوا وقفزوا من الفرح لأن أمهاتهم وآباءهم فرحوا لأنهم أصبحوا أحرارا. في حظيرة الخنازير الخاصة بجورج موكين، تم إخصاء الخنازير عندما كان عمرها من أسبوعين إلى ثلاثة أسابيع، وكان هناك حوالي عشرين خنزيرًا صغيرًا يتم إخصاؤها كل شهر. كان هناك خنزيران لنحو أربعين خنزيرًا وحوالي أربعمائة خنزير صغير سنويًا. يستمر حمل الخنزيرة التي تتغذى جيدًا لمدة ثلاثة أشهر وثلاثة أيام، وتنتج ثمانية إلى اثني عشر خنزيرًا صغيرًا في كل حمل.

انتهت حياة الخنزير في المسلخ، وكان هذا آخر إنجاز له أو مكافأته. لكن الخنازير لم ترتكب أي جريمة أبدًا وأطاعت سيدها كما أطاع رزاق أكيم، واستسلم الدوكسي المصري لأكيم. ومع ذلك، قطع رأسها أكيم، ولم يستجوبه باداشون.

لم يكن هناك مسلخ في حظيرة خنازير توما كونج، واحتفلت الخنازير بحريتها. لم يغنوا أو يرقصوا مثل النخب. لقد عبروا عن سعادتهم بلقاء الآخرين من خلال لمس وجوههم الممتلئة وإظهار عاطفتهم. تقديرًا للعلاقة الحميمة، انضم إليهم توما كونج في حفل حصري واعتذر عن إخصائهم. كان يعلم أنه ارتكب شيئًا فظيعًا

وغير مقبول، وهي الجريمة الوحيدة التي ارتكبها. لكن الخنازير الصغيرة لم تنتقم، ولم تفرض عليهم أي عقوبة رادعة. وتوسل إليهم ألا يتخلوا عنه، واحتفلوا بصحبته بالزيت.

شخرت الخنازير وتجولت حول توما كونج، لأنها كانت سعيدة لعدم وجود مقصلة لقطع رؤوسها، وكان توما كونج سعيدًا لعدم وجود مشنقة. لم يكن هناك خوف، ولا تعليقات استخفاف، وكانت خنازيرهم المعلقة على الحائط متحمسة، مستخدمة لغة الجسد وهمهمات مختلفة للتواصل. كانت هناك هدير ناعم وعالي؛ كان لكل منها معنى مختلف كعلامة على ترقب الطعام أو الصحبة اللطيفة. أظهر السعال الشديد أن الخنزير كان منزعجًا أو غاضبًا، كما أن الدموع تذرف مع التذمر عندما يكون الخنزير حزينًا أو حزينًا.

عندما بدأ حظيرة الخنازير، رقص جورج موكين مع الخنازير الصغيرة، ورفعها على كتفيه، وكانت أقدامها بارزة أمام أعناقها بينما كان يحمل بارفاتي. كان ذلك في أغسطس 1972 وكان المطر يهطل بغزارة. وضعه على مؤخرة رقبته، وسار من مزرعة القهوة الخاصة به إلى منطقة غاتس الغربية باتجاه قريته، على بعد حوالي ثلاثين كيلومترًا. كان جورج موكين مزارعًا شابًا للزنجبيل في كورج. وبما أن مناخهم كان أكثر ملاءمة، فقد تجاوز الإنتاج بكثير إنتاج قريتهم أيانكونو. هاجر والداه من بالا عام 1947، وولد جورج في نفس العام. لم يكن لديه أشقاء، وتوفي والديه بسبب الملاريا عندما كان جورج في الصف العاشر.

كان والد بارفاتي، ديفا مويلي، يعارض زواج ابنته من رجل من ولاية أخرى وليس من كورجي، الذي ينتمي إلى دين آخر ويتحدث لغة مختلفة. كان لديه خطط لتتولى بارفاتي إدارة مزرعة القهوة المزدهرة الخاصة به، والتي كانت تبيع حبوب البن بملايين الروبيات للشركات العالمية كل عام. بعد وفاة ابنه، كان ديفا مويلي رجلاً مكتئبًا وحذر بارفاتي من أنه سيطلق النار عليها إذا تجرأت على عبور لاكشمان ريكا، قاعدة الخط الواضح. مثل والده وجده، خدم ديفا مويلي، برتبة مقدم، في الجيش البريطاني خلال الحرب

العالمية الثانية. حارب اليابانيين في بورما، وفقد ساقه اليمنى وأمضى ستة أشهر في مستشفى عسكري في كلكتا قبل أن يعود إلى كورج وينشئ مزرعة القهوة الخاصة به. كان لديه أسلحة كثيرة، وكان صيد الخنازير البرية هوايته.

اختبأ موكين في مزرعة القهوة لمدة أربعة أيام، وقفز الأخير فوق جدار قصر مويلي حوالي الساعة الثالثة صباحًا. كما قالت بارفاتي، كان الحراس عند البوابة الخارجية نائمين؛ لقد تم تخديرهم. لقد سار في طريق طويل إلى الحديقة وعلم أن الحراس الذين كانوا يتجولون في المنزل سيتم تخديرهم أيضًا. كان هناك مبنى خارجي بابه غير مغلق من الداخل، ودخل موكين المبنى دون أن يصدر أي صوت. مدخل آخر يربطه بالمبنى الرئيسي.

كانت الكلاب نائمة بسرعة، وكذلك ديفا مويلي والخدم.

دخل جورج موكين القصر. كانت بارفاتي تنتظره عند مدخل غرفة نومه. وكانت ساقاه مقيدتين ولم يكن يستطيع المشي إلا بخطوات قصيرة. التقطه موكين ووضعه حول رقبته مثل خنزير صغير كبير. حملت بارفاتي بعض الطعام والماء في حقيبة ظهرها.

كان القفز فوق جدار المجمع صعبا؛ استغرق الأمر أكثر من نصف ساعة للتغلب عليه. بعد ذلك، عبر موكين مزرعة البن باتجاه الغابة. كانت الساعة الرابعة والنصف بالفعل عندما وصلوا إلى الصخور أسفل التلال مباشرةً، على بعد حوالي ثلاثة كيلومترات من قصر ديفا مويلي. بعد الاستراحة خلف العليق، أخرج موكين المنشار من حقيبته لقطع الحديد حول كاحل بارفاتي. ولكن كان من الصعب جدًا كسرها.

وفي غضون عشر دقائق بدأوا في التسلق وبارفاتي على أكتافهم؛ كانت هناك تلال شديدة الانحدار بها شجيرات دائمة الخضرة، وبعد ساعة ظهرت غابة كثيفة. لم يختر موكين الطريق المطروق للصيادين الذين اختبأوا هنا وهناك لإسقاط الخنازير البرية والبيسون. كان التسلق تحديًا، وكانت بارفاتي صامتة تمامًا. لم يتوقف جورج موكن عن التسلق، متمسكًا بالأشجار الرقيقة ويختبئ خلف الأشجار

الكبيرة. وكان عليه أن يصعد من الصخور حوالي ستة كيلومترات ويهبط حوالي ثمانية كيلومترات ليصل إلى حدود كيرالا ومن هناك حوالي أربعة كيلومترات إلى أتايولي ثم أربعة كيلومترات أخرى إلى منزله في القرية. وفي ساعة واحدة كان يشعر بأشعة الشمس الأولى خلفه، وساعة أخرى من التسلق. استراحوا بين صخرة وشجرة ضخمة بينما فتحت بارفاتي حقيبة ظهرها.

تناولوا وجبة الإفطار من Akki Otti، وهو خبز مسطح من الأرز المطبوخ مع دقيق الأرز، وسرطان البحر، والكاري من براعم الخيزران الطرية، والفطر الموسمي المخبوز، ولحم الخنزير المقلي. زجاجة الماء الموجودة في حقيبة ظهرهم تروي عطشهم. في السابعة انطلقوا مرة أخرى، مع بارفاتي على ظهر جورج موكين. وفي الساعة الثامنة والنصف رأوا فيلًا وحيدًا بالقرب من غابة الخيزران، على بعد حوالي مائة متر منهم، فاختبأوا خلف شجرة. وبعد نصف ساعة، تسلق الفيل باتجاه النهر، واستأنف موكين تسلقه. بعد ساعة، واجهوا مجموعة من البيسون مع عجول تعبر طريقهم أمامهم قليلاً. ومرة أخرى، توقفوا وانحنوا نحو الشجرة. وبعد فترة سمعوا ضجيجا.

"هناك صيادون،" تمتمت بارفاتي في أذنه.

قال جورج موكين: "أستطيع رؤيتهم".

وكانوا يطاردون قطيعاً من الخنازير البرية ويصرخون، أربعة رجال وامرأة، وكانوا جميعاً يحملون أسلحة.

"صيد الخنازير البرية أمر شائع في كورج؛ حيث يخرج الرجال والنساء للصيد. وقالت بارفاتي بصوت منخفض: "إنهم طوال الليل بالخارج، بين الشجيرات وداخل الغابة".

قال جورج: "لحم خنزير الخنزير لذيذ".

همست بارفاتي: "لدي بعض منها في حقيبتي".

وبما أن الصيادين كانوا بعيدين، فقد بدأوا في التسلق. وعندما وصلوا إلى القمة، كان جورج يلهث. كانت الساعة الحادية عشرة وعشرون. استراحوا لبعض الوقت وشربوا الماء. كان لدى بارفاثي قطع من الموز في حقيبتها وأكلوها لفترة من الوقت.

كان النزول أصعب من الصعود، حيث كان على جورج أن يحافظ على توازنه. في بعض الأحيان كان وضع بارفاثي على كتفيه بمثابة نعمة للحفاظ على توازنه. كان هناك المزيد من الأشجار والخيزران والجداول. كان هناك عدد أكبر من الحيوانات الكبيرة على المنحدرات الغربية للجبل، بسبب كثرة هطول الأمطار والغطاء النباتي الكثيف، وكانت مجموعة الأفيال مع صغارها تفضل تلك البيئات. ظهر دب أسود بالقرب منهم بشكل خطير، وقام موكين بسحب مسدسه من حزامه.

وفي حوالي الساعة الواحدة بعد الظهر، استراحوا بين صخرتين ضخمتين. حملت بارفاثي عدة عبوات صغيرة في حقيبة ظهرها، وكرات أرز مطهوة على البخار، ولحم خنزير بري يُدعى باندي كاري، وخيوط رفيعة من الأرز المطبوخ المعروف باسم نولبوتو، ودجاج مقلي. وبعد حوالي عشرين دقيقة استأنفوا نزولهم عبر الغابات المطيرة، وعلى طول الطريق كانت هناك أعداد كبيرة من الظباء تسمى نيلجاي والغزلان المرقط المعروف باسم شيتال أو بوليمان. همست بارفاثي أنهم كانوا على الأطراف الشمالية لمتنزه ناجارهول الوطني، وهو محمية للنمور.

كانت الغابة مليئة بالطيور والحيوانات، مثل اللانجور الرمادي والنمر والدب الكسلان والفيل، وكان جورج موكين يسير بحذر. وقفت بارفاثي خلفه، وحافظت على توازنها بعناية. بدأ موكين باستخدام عمود من الخيزران للنزول، حيث كان المنحدر خطيرًا على مسافة طويلة. وفي حوالي الساعة الرابعة بعد الظهر، وصلوا إلى حدود ولاية كيرالا، وعلى مسافة ساعة سيرًا على الأقدام من أتايولي، أول مستوطنة للمزارعين. كانت الغابة كثيفة جدًا لدرجة أنه كان من المستحيل رؤية الشمس، لكن جورج موكن خمن ذلك. وبعد

نصف ساعة، وصلوا إلى الأدغال ومعهم الثعابين والكوبرا والنمس والطاووس؛ وفجأة، تمكنوا من رؤية الشمس أمامهم بالضبط، فوق الأفق الغربي بقليل.

أتايولي كان رائعا. كانت أبراج الكنيسة تسطع تحت أشعة الشمس على بعد ميلين تقريبًا، وكان المنظر مذهلًا. كان هناك غطاء نباتي في كل مكان، بين المنازل والمدارس والمستشفيات والكنائس والمعابد والمساجد. وعلى بعد حوالي خمسة وأربعين ميلاً، بدا بحر العرب محاطًا بضباب أزرق.

بدأت الشمس تغرق في البحر، واجتاح الظلام كل شيء. اختار جورج موكين طريقًا ضيقًا لتجنب عودة الفلاحين من بازار أنجاديكادافو.

قال موكين وهو يمشي بثبات: "بارو، انظري، منزلنا يقع على بعد حوالي خمسمائة متر غرب الكنيسة".

قالت بارفاثي: "أستطيع أن أرى الكنيسة". "كم من الوقت سيستغرقنا من هنا؟"

أجاب موكين: "سنعود إلى المنزل خلال أربعين دقيقة".

استراحوا لفترة من الوقت في مزرعة واسعة للكاجو، ثم سار موكين بخفة. كان حريصًا على العودة إلى المنزل دون تعريض نفسه للجمهور. دخلوا إلى مزرعة مطاط بلا حشائش، وأصبحت المسيرة سهلة. كانت مزرعة جوز الهند المجاورة للكنيسة مليئة بالمستنقعات قليلاً. انتشر الظلام في كل مكان، مثل السحب الموسمية داخل مزرعة القهوة. أشعلت بارفاثي مصباحها اليدوي، وتمكن موكين من رؤية مكان خطوته التالية. عندما وصلوا إلى المنزل، كانت الساعة تشير إلى الثامنة والربع تقريبًا.

قال جورج بحماس: "بارو، لقد عدنا إلى المنزل". وكان خفقانه العميق واضحا.

"جورج،" اتصلت بارفاثي وعانقته.

"شكرًا لك عزيزتي على حضورك معي. لقد بدأنا حياتنا معًا بالفعل. قال موكين وهو يقبل خديها: "أحبك لثقتك".

"اسمحوا لي أن أشكركم على محبتكم؛ لقد مشيتم حوالي ثلاثين كيلومترًا فوق منطقة غاتس الغربية، عابرين التضاريس الصعبة وسط حيوانات برية خطيرة. وقالت بارفاثي: "سنتذكر هذا اليوم حتى مماتنا ونطلب من أطفالنا أن يحتفلوا بهذا اليوم لذكرى حبنا".

"نعم يا بارو. معًا ننتصر عليها؛ أجاب موكين بهدوء: "سنمضي قدمًا".

قاد بارفاثي إلى الداخل، وباستخدام منشار كهربائي، قطع السلسلة من كاحليها.

وقالت بارفاثي وهي تلتقط قطع الحديد المكسورة: "دعونا نحتفظ بها كتذكير للعبودية التي واجهناها، والنضال الذي تحملناه، والتصميم الذي عبرنا عنه لكسرها، وثقتنا المتبادلة وحبنا الذي لا يموت".

كان منزلًا صغيرًا به غرفتي نوم وغرفة معيشة كبيرة ومطبخ ملحق به غرفة طعام. لقد أعدوا العشاء معًا.

تحدث بارو وجورج عن زواجهما في اليوم التالي، وقال موكين إنه يفضل حفل زفاف هندوسي.

وأعربت بارفاثي عن رغبتها قائلة: "جورج، أريد أن أقيم حفل زفاف في الكنيسة؛ فلنتحدث مع القس ونحدد موعدًا".

قال موكين وهو يعانق بارفاثي: "بارو، سعادتك هي سعادتي أيضًا".

في الليل ذهبوا إلى الكنيسة وتحدثوا مع الكاهن وحددوا موعد الزفاف في اليوم التالي. دعا موكين عشرة من جيرانه المباشرين لحضور الحفل والحفل.

ارتدى بارفاثي ساري حريري من ميسور، وارتدى جورج بدلته الرمادية مع ربطة عنق حمراء. وكان الحفل بسيطا وأقيم الحفل في منزلهم.

وفي فترة ما بعد الظهر، حوالي الساعة الرابعة صباحًا، فجأة سمع صوت هدير في باحة منزله. قفزت حوالي عشر سيارات جيب ونحو خمسة وسبعين رجلاً وأحاطوا بالمنزل مثل قطيع من الذئاب الجبلية يحيطون بثور البيسون. وكانوا جميعا يحملون أسلحة في أيديهم.

ثم دخلت ديفا مويلي الغرفة بمسدس. "بارفاثي!" رعد. كان الأمر أشبه بزئير نمر جريح في حديقة حيوان ميسور.

"اقتلني بدلاً من بارفاثي"، توسل جورج وهو يسجد أمام مويلي.

ركلته مويلي في وجهه بحذائها.

"أيها الوغد، كيف تجرؤ على سرقة ابنتي،" صرخ مويلي، موجهًا بندقيته نحو موكين.

"أبي، أرجوك سامحني!" كانت بارفاثي راكعة أمام والدها. لف يديه حول ساقيها وصرخ.

وقف مويلي ساكنا. كانت بارفاثي ترتدي الساري الحريري من ميسور، وتذكر مويلي زوجته سبحانا، التي كانت ترتدي الساري الحريري دائمًا وتوفيت بعد هجوم دب قبل خمس سنوات.

صرخ مويلي: "سبحانة"، وهو يرمي مسدسه. رفعت ابنتها من كتفيها وعانقتها. قالت مويلي وبكت مثل فتاة صغيرة: "بارفاثي، لا أستطيع أن أفعل هذا أبدًا".

"أرسل جميع أطفالك إلى كورج بمجرد أن يبلغوا عامين. سوف ينموون تحت رعايتي. سأقوم بتعليمهم في أفضل المدارس والكليات في ميسور وبنغالور. إنهم لا ينتمون إليك، بل لي فقط. سوف يرثون ثروتي. "في ظل هذه الظروف، أنقذ حياة هذا الرجل،" صرخ مويلي وهو يشير بالمسدس نحو موكين.

قالت بارفاثي: "نعم يا أبي، أنا أوافق".

"أنت مرحب بك في المزرعة، لكن هذا الرجل لا يجب أن تطأ قدمه هناك أبدًا. قال مويلي قبل المضي قدمًا: "إنه أمر".

أجابت بارفاثي: "في هذه الحالة، لن أذهب إلى هناك أبدًا".

احتفل بارفاثي وجورج موكين بحريتهما في هدوء منزلهما. كانت دقيقة في التخطيط وأجرت محادثات طويلة مع زوجها.

قاموا بزراعة أنواع أكثر إنتاجية من شتلات المطاط على مساحة عشرة أفدنة، وأشجار الكاجو على سفوح التلال على مساحة خمسة عشر فدانًا، وأشجار جوز الهند على مساحة خمسة أفدنة. كانت هناك مجموعة متنوعة من أشجار المانجو والكاكايا وأشجار الفاكهة الأخرى. كانت حظيرة الماشية التي بنوها على ضفة النهر هي الأحدث، حيث تضم خمس أبقار جيرسي من مونار، وثلاث أبقار براون ساهيوال من جنوب كانارا، واثنين من جاموس هاريانفي. تتضاعف الماعز في كوتش وراجستان وأوب كل ستة أشهر، وتزدهر مزرعة الدواجن.

تم تخصيص قطعة أرض مساحتها ثلاثة أفدنة لبناء حظيرة للخنازير بجوار الحظيرة.

في كل عام، كان جورج موكين وبارفاثي يقضيان إجازة لمدة شهر في الخارج، وخلال خمسة عشر عامًا كانا قد زارا كل دولة في أوروبا وأمريكا. وخلال زياراته، أصبح موكن مهتماً بالثروة الحيوانية والزراعة. قامت بارفاثي بجمع البذور من الأشجار في الدول الاسكندنافية وأوروبا الشرقية والغربية وكندا والولايات المتحدة ودول أمريكا اللاتينية لزراعتها في مزرعتها في أيانكونو.

بعد عام من زواجهما، ولدت فتاة سماها بارفاثي وجورج أنوبريا. عندما بلغت الثالثة من عمرها، أرسلت ديفا مويلي ممرضتين واثنين من حراس الأمن إلى أيانكونو لاصطحاب الفتاة. بكى الوالدان بمرارة، لكن كان عليهما إرسال الفتاة إلى جدها. نشأت أنوبريا في كورج ولعبت في ساحة ديفا مويلي. لقد نسي والديه تمامًا وتعلم لغة كوداجو والكانادا والإنجليزية المحلية بطلاقة دون معرفة كلمة واحدة من المالايالامية. درست أنوبريا في أفضل مدارس ميسور، حيث كانت الدروس باللغتين الكانادية والإنجليزية. لم تتح الفرصة لبارفاثي وجورج موكين للتحدث مع ابنتهما. كانوا يذهبون بانتظام

إلى ميسور ويقيمون خارج مدرسة أنوبريا لإلقاء نظرة على ابنتهم. لكن بالنسبة لأنوبريا، كان والداها غريبين.

في غضون عشر سنوات من الزواج، قام بارفاثي وجورج ببناء منزل جديد، قصر.

بعد خمسة عشر عامًا من ولادة أنوبريا، أنجبت بارفاثي وجورج موكين ابنة أخرى اسمها أنوباما. في عيد ميلاد أنوباما الثالث، وصلت سيارة جيب من كورج وعلى متنها ممرضتان وحارسان أمن. بكى بارفاثي وجورج موكين بصوت عالٍ وركضا خلف الجيب لبضعة كيلومترات. بكت أنوباما لعدة أيام في قصر جدها ورفضت تناول الطعام.

أُعيدت أنوباما إلى أيانكونو لتكون مع والديها في غضون أسبوع. نزلت الممرضات والحراس مرة أخرى في اليوم الثامن وأخذوا أنوباما إلى جدها. على الرغم من أن أنوباما توقفت عن البكاء، إلا أنها أصيبت بالحمى والسعال لمدة أسبوعين. تم إعادتها مرة أخرى إلى بارفاثي وفي غضون أسبوعين وصلت الممرضات والحراس لاصطحابها. وفي المرة الثالثة، بقيت أنوباما مع جدها لمدة ثلاثة أشهر، لكنها كانت متقلبة المزاج ووحيدة وحزينة. لقد رفض أن يكون جزءًا من عائلة مويلي. تم إعادتها إلى أيانكونو وبقيت مع والديها حتى عيد ميلادها التالي. وعندما بلغ الرابعة من عمره، ظهرت الممرضات والحراس مرة أخرى. على الرغم من أنها كانت مترددة، كان على أنوباما أن تذهب مع الحاشية. وسرعان ما تم إدخالها إلى مركز للرعاية النهارية بالقرب من المزرعة، وكانت ديفا مويلي ترافقها كل يوم وتبقى معها حتى انتهاء الفصول الدراسية.

وفي الوقت نفسه، بعد حصولها على درجة الماجستير في إدارة مزرعة البن، انضمت أنوبريا إلى مزرعة البن الخاصة بجدها كمديرة عامة. وفي خمس سنوات قام بتوسيع مزرعة البن إلى ثلاثمائة هكتار أخرى. حصل على أسهم في مزارع القهوة في أجزاء مختلفة من كورج، وشكل اتحادًا مع مالكي مزارع القهوة ذوي التفكير المماثل، ووقع اتفاقية مع شركة سويسرية لتزويد ما يكفي من

بذور القهوة لمصنع طحن حبوب البن الخاص به في كورج. كان جدها فخوراً بأنوبريا وكان يخبرها في كثير من الأحيان أنها جميلة وذكية مثل جدتها.

خلال أيام دراستها، كانت أنوباما تزور والديها مرة واحدة في الشهر، وبصرف النظر عن كوداجو والكانادا والإنجليزية، تعلمت القراءة والكتابة باللغة المالايالامية. ذهب معهم إلى الكنيسة، وانضم إلى الجوقة، وزار العديد من العائلات وهم يغنون ترانيم عيد الميلاد. ذهبت أنوباما إلى المدرسة في ميسور وبقيت مع والديها في عطلات نهاية الأسبوع بعد القيادة إلى أيانكونو. كان يعشق والديه ويحب أن يكون معهم دائمًا.

في إحدى الليالي، ظهرت أنوبريا فجأة في أيانكونو. كانت هذه هي المرة الأولى التي تكون فيها هناك، وقد واجه بارفاثي وجورج موكين صعوبة في التعرف عليها لأنه لم تتح لهم الفرصة للتحدث معها من قبل. أخبرت أنوبريا بارفاثي أن جدها هو الذي رتب زواجها وأن العريس كان ضابطًا في الجيش. أخبره جده لأول مرة أن والدته أقامت مع زوجها في زاوية نائية من مالابار. وكانت أنوبريا هناك لدعوة والدتها لحضور حفل الزفاف.

قالت بارفاثي لأنوبريا: "والدك هنا أيضًا، ولست وحدي".

"كيف يمكنك الهروب مع مثل هذا اللقيط؟" صاح أنوبريا.

"كيف تجرؤ على الإساءة إلى والدك، أيتها العاهرة اللعينة!" صرخت بارفاثي وصفعت أنوبريا على وجهها.

ونزف الدم من فمه.

"إنه والدك. بدونها، لم تكن لتولد؛ "اخرج من منزلي ولا تعود أبدًا،" صرخت بارفاثي وأخافت أنوبريا بعيدًا.

بعد الانتهاء من المدرسة الثانوية، انضمت أنوباما إلى معهد IIT Madras وزارت مع والديها العديد من البلدان والجامعات الشهيرة خلال إجازاتها.

كان أنوباما وأنوبريا غريبين ولم يهتما أبدًا بالتحدث مع بعضهما البعض، على الرغم من أن جدهما بذل قصارى جهده لتكوين صداقات بينهما.

بعد التخرج، ذهب أنوباما إلى الولايات المتحدة والتحق بجامعة Ivy League للحصول على درجة الدراسات العليا في الذكاء الاصطناعي. وفي غضون عامين، التحق بالدكتوراه في هندسة النظم الدقيقة في إحدى جامعات كاليفورنيا. كان بارفاتي وجورج موكين يزوران ابنتهما كل ستة أشهر، وكان أنوباما يحب رفقتهما. وعندما حصلت على وظيفة في شركة معروفة، دعت أنوباما والديها للهجرة إلى الولايات المتحدة والبقاء معها، وبالنسبة لبارفاتي وجورج موكن كانت الدعوة مغرية. وسرعان ما بدأت أنوباما شركتها التي حققت نجاحًا كبيرًا ولها فروع في العديد من البلدان. قرر بارفاتي وجورج موكين الذهاب إلى الولايات المتحدة لقضاء شيخوختهما مع ابنتهما. طلبوا من ثوما كونج الاعتناء بمزرعتهم على أنها مزرعته في غيابهم أو حتى عودتهم وإبلاغ جميع العمال بقرارهم.

نظر توما كونج بدهشة إلى صورة بارفاتي المعلقة على حائطه. كانت شجاعة ومغرمة بزوجها بشدة في كل لحظة من حياتها. كان جورج موكين رجلاً محظوظاً. لقد مر بالجحيم وحملها على كتفيه إلى منزله مثل الحجر الكريم. لم يسمح لها بالمشي ولم ينظر إلى الوراء أبدًا. لكن أورفيوس لم يكن محظوظا جدا؛ لقد ذهب إلى العالم السفلي ليعيد زوجته الحبيبة يوريديس إلى عالم الأحياء. وافق هاديس على شرط أن تتبعه يوريديس خارج العالم السفلي وألا يتمكن أورفيوس من النظر إليها حتى يعبروا الباب الأخير. بمجرد أن غادر أورفيوس من الباب الخارجي، استدار ونظر إلى وجه يوريديس. ولكن، للأسف، لم تكن قد عبرت بعد حدود أرض الموتى؛ اختفى في الموت الأبدي.

كان جورج موكن حكيماً، فقد حمل حبيبته ولم يكن بحاجة إلى النظر إلى الوراء. كانت بارفاتي معه دائمًا كجسد واحد وروح واحدة.

لكن توما كونج لم يكن حكيماً لأنه اختار الصمت ورفض الدفاع عن نفسه. لقد حمل جرائم الآخرين على كتفيه. وكان الحبل ينتظره في نهاية الهاوية.

وكان المشرف قد غادر الزنزانة بالفعل. تبعه توما كونج مع السجانين من الجانبين، وكان الحارس خلفه؛ بدأ العرض.

العرض

دخل العرض إلى ممر طويل يمتد إلى المشنقة. كان هناك فتحتان للوصول، واحدة للمدان الذي كان من المقرر أن يُشنق والأخرى لكبار الشخصيات، أو قاضي المنطقة أو البيروقراطي المعين من قبل الحكومة، الذين شهدوا الشنق للتحقق وإبلاغ الحكومة بأن السجين الصحيح قد تلقى الوفاة جزاء. كان المسار مشابها، لكن الهدف كان مختلفا، وإن لم يكن مظلما. جاء الأعيان من خلفيات مختلفة وفرضوا قوانين تحميهم من خلال القضاء على التهديدات المحتملة. وكانوا أسلاف حمورابي وبنثام.

أولئك الذين وضعوا القانون هربوا من أحلك صالات العرض الخاصة بهم. تعامل القانون بقسوة مع من لا صوت لهم، ولا حول لهم ولا قوة، والمضطهدين، والمستضعفين، وذوي البشرة الداكنة، بالانتقام والقصاص. أولئك الذين في السلطة أسكتوا الآخرين. كان توما كونج صامتًا، بلا أهل، أو أقارب، أو أصدقاء، أو الله. لقد كان رجلاً مرفوضًا، وحيدًا ولكن صريحًا.

بصفته رئيسًا للهند في موكب يوم الجمهورية، كان توما كونج في قلب الموكب.

كان موكبًا صامتًا، باستثناء الخطى الثقيلة لموظفي السجن.

كان توما كونج حافي القدمين، بعد أن فقد حرية ارتداء الأحذية. مشى دون أي دعم من الحراس، لأنه لم يكن لديه خوف أو أمل أو كراهية. وفي مناسبات أخرى، كان على الحراس أن يحملوا المحكوم عليهم، حيث فقد الكثيرون وعيهم؛ رفض البعض المشي، وكأن الحبل يمكن تجنبه برفض المشي. صرخ كثيرون بصوت عالٍ، عوَّلوا أو رثوا؛ ولم يستطع البعض قبول المصير، فصرخوا بلغة

غير متماسكة مثل واعظ العنصرة متوسلين رحمة الله وتدخله. وكان عدد قليل منهم يتبولون في خوف.

كانت المعركة الأخيرة هي إنقاذ النفس عن طريق تجنب الحبل، لكن المشنقة كانت حقيقة لا مفر منها؛ لم يكن هناك مخرج.

من خلال قبول حقائق الحياة كما هي، تغلب توما كونج على الأحزان والآلام.

ولم يكن من المعقول إقناع القاضي، لأنه قد فصل في القضية بالفعل. وكانت المحاكمة مهزلة، وأدرك أن الشهود لديهم نص معد للرواية. وكان توما كونج قد رأى ثلاثة فقط من الشهود الستة من قبل.

كان توما كونج واثقًا من تبرئته، لأنه لم يرتكب أي خطأ، وسيدرك القاضي براءته حتى قبل المحاكمة. وكانت الأحداث بسيطة ومباشرة للغاية. ذهب توما كونج إلى النزل حوالي الساعة الثالثة بعد الظهر؛ وكانت زيارته الأولى. بعد ركن دراجته النارية في موقف السيارات، ذهب إلى المدخل الرئيسي وضغط على جرس الاتصال. ظهر موظف؛ سيكون عمره بين الخمسين والخامسة والخمسين من عمره؛ وأخبره توما كونج أن مدير النزل اتصل به لإصلاح الأنبوب المتسرب. وأوضح أنه كان من مزرعة الخنازير الخاصة بجورج موكين، وأن موكين سأله عما إذا كان بحاجة للذهاب إلى النزل للقيام بأعمال السباكة العاجلة. أخذه المدير إلى مدير النزل الذي يقع مكتبه بجوار المدخل. وقف عند مدخل الغرفة وطرق المساعد الباب. وبعد فترة فتح المأمور الباب وخرج. كرر توما كونج قصته لآمر السجن الذي بدا جادًا. كانت امرأة طويلة، نحيفة، ذات نظارات وشعر رمادي. وأوضح الحارس طبيعة الأعمال في شرفة مبنى النزل المكون من ثلاثة طوابق. وجاء التسرب من الأنبوب المتصل بخزان المياه.

أمر الحارس المساعد بأخذ توما كونج إلى شرفة المبنى. صعدوا الدرج. كان عمر المبنى لا يقل عن ثلاثين عامًا وظل متهالكًا وقذرًا إلى حد ما. تبع توما كونج المساعد. كان هناك باب في أسفل الدرج؛

فتحها المساعد، ودخل توما كونج ومساعده إلى شرفة قذرة وغير مرتبة وفي أحد أركانها خزان المياه.

كان خزان المياه مصنوعًا من كتل من الحجر البني اللاتريتي والأسمنت. لقد تساقط الجص في العديد من الأماكن، مما أدى إلى كشف الحجارة. لكن التسرب لم يكن خطيرا، ولم تكن هناك حاجة إلى إصلاح عاجل؛ ولم يكن من الممكن رؤية سوى بضع قطرات من الماء من خلال وصلات الأنابيب. كنت متأكدًا من أن سباك النزل قد رآه.

أنهى توما كونج المهمة خلال نصف ساعة وتوقف التسرب تمامًا. بمجرد انضمامه إلى تربية الخنازير في سن الرابعة عشرة، وذلك أساسًا لإخصاء الخنازير، بدأ في القيام بأعمال السباكة والكهرباء في العديد من مباني جورج موكين لكسب دخل إضافي. لكنني لم أذهب أبدًا إلى أي مكان آخر للقيام بأعمال السباكة أو الكهرباء، وكانت هذه هي المرة الأولى التي أخرج فيها للقيام بأعمال السباكة. لقد ذهب إلى النزل فقط بسبب تعليمات جورج موكين التي لم يستطع رفضها. كان توما كونج على علم بأن بارفاثي وجورج موكين كانا سيغادران إلى الولايات المتحدة بعد ظهر ذلك اليوم ليكونا مع ابنتهما إلى أجل غير مسمى. في اليوم السابق، تم استدعاء توما كونج إلى منزلهم، وأثناء العشاء، طلبوا منه الاعتناء بمزرعتهم حتى عودتهم. وهذا يعني أنهم سيكونون مع ابنتهم أنوباما، وكانت هناك فرصة ضئيلة للعودة إلى أيانكونو في شيخوختهم. سلم بارفاثي وجورج موكين مظروفًا مختومًا إلى توما كونج، قائلين إنه يحتوي على وصية، وهي وثيقة قانونية مسجلة بموجبها ستنتمي التركة إلى توما كونج بعد وفاته. عند وصوله إلى المنزل، احتفظ به توما كونج في خزانته الفولاذية.

بعد الانتهاء من العمل، نظر إلى الأسفل من الشرفة. كان النزل يحتوي على مجمع واسع، لا يقل عن أربعة أفدنة من الأرض، مليئة بالشجيرات والكروم. كانت الحديقة أمام النزل غير مهذبة تمامًا. كان هناك عدد قليل من أشجار جوز الهند القديمة أو الميتة بلا أوراق، هنا وهناك مثل المداخن المهملة التي رأيتها في مصنع للكاجو

بالقرب من ثلاسيري. كان للمكان كله مظهر شيطاني، وتساءل توما كونج كيف يمكن للنساء البقاء هناك بشكل مريح وسلام. وعلى بعد حوالي عشرين مترًا من المبنى الرئيسي كان هناك بئر مظلل بالشجيرات ومغطى بالكروم. رأى توما كونج درجًا حديديًا من الشرفة إلى الأرض خارج مبنى النزل.

المدير لم ينتظر توما كونج؛ لقد غادر بالفعل دون أن يخبرها. فتح الباب من الممشى ونزل على الدرج لوحده. كان النزل فارغًا تقريبًا، وكان هناك صمت في كل مكان، كما هو الحال في المقبرة. يجب أن يكون أصحاب النزل قد ذهبوا في إجازة. لقد شعر بالفزع بشأن الحالة المادية للمبنى، حيث كان الجص قد تشقق في العديد من الأماكن ويمكن رؤية الجدران وهي تنشر الماء أثناء الرياح الموسمية، مع صور شيطانية كبيرة.

وعندما عاد توما كونج إلى مكتب مدير النزل، طلب منه فحص مستوى المياه وموقع مضخة المياه المغمورة داخل البئر. وكان بإمكانه التحقق من ذلك من خلال النظر إلى البئر، ولم يكن طلبه ذا فائدة لثوما كونج أو النزل، حيث أخبره أنه يمكنه العودة بعد معاينة البئر. وتساءل لماذا لا تريده أن يخبرها بكمية الماء ومكان المضخة. وعلاوة على ذلك، لم يتقاض أجراً مقابل عمله، وهو ما بدا غير عادي. ربما كان السبب في ذلك هو أنه اتصل بجورج موكين مباشرة وقام بالدفع. لكن بارفاثي وموكين كانا قد غادرا بالفعل إلى مطار كاليكوت للقيام برحلة بعد الظهر إلى الدوحة ومطار واشنطن دالاس الدولي. سيبقون مع أنوباما لفترة طويلة.

تمامًا مثل اليوم السابق، اتصل موكين بتوما كونج قبل أسبوع وطلب منه رعاية ممتلكاته في غيابه، ومسك الحسابات، ودفع أجور العمال، والإشراف على العمل في المزرعة، بما في ذلك الإسطبلات ومزرعة الخنازير. كلما خرجوا، كان توما كونج يدير جميع أعمالهم. لقد كانت مسؤولية كبيرة، وكان توما كونج صادقًا بشأن عمله مع جورج موكين وبارفاثي. لقد وثقوا به وكان لديهم بعض الخطط له.

وبما أنه رأى البئر من شرفة المبنى، فقد ذهب بمفرده لمعرفة منسوب المياه وتتبع موقع مضخة المياه المغمورة التي تضخ مياه الشرب إلى الخزان العلوي. مر عبر رواق داخلي وباب مجاور للمطبخ يؤدي إلى الفناء. وبجانب البئر كان هناك بيت ضخ، وكان في حالة سيئة.

انحنى توما كونج على جدار البئر المستدير. تمايلت كتل الحجر اللاتريتي بشكل خطير. لقد سقطت العديد من الحجارة بالفعل في البئر، وكان بعضها على الأرض. وبما أن الرياح الموسمية كانت في ذروة الرياح الموسمية، كان هناك الكثير من الماء في البئر، واعتقد أنه يستطيع لمسها؛ ومد يده اليمنى إلى البئر. لكن الماء كان أقل. وبينما كان ينحني، سقط حجران في الماء، مما تسبب في تناثر الماء بصوت عالٍ لدرجة أن الكلب في بيت الكلب بدأ ينبح بصوت عالٍ. خرجت الطباخة من المطبخ، وكان واضحًا على وجهها أنها كانت منزعجة من الضجيج.

"ماذا حدث؟ هل سقط شيء في البئر؟" طلبت.

وقال توما كونج: "سقطت بعض الحجارة".

"فلماذا تميل نحو البئر إذن؟" سألت مرة أخرى.

أجاب توما كونغ بشيء من الإحراج: "أنا فقط أنظر إلى البئر لأكتشف عمق المياه وموقع المضخة المغمورة".

قال وهو يقترب من توما كونج وينظر إلى البئر: "لا، لا أستطيع أن أصدقك".

قال توما كونج: "لقد أخبرتك بالحقيقة". كان يعلم أن التفسير الذي قدمه له كان سخيفًا جدًا.

وقالت: "لقد كانت ثقيلة نوعاً ما، وما زالت المياه تطفو".

"لماذا لا تصدقني؟" سأل توماس كونج.

نظرت إلى توما كونج لبضع دقائق ثم عادت إلى الوراء.

كانت هناك حشائش وكروم داخل الجدار الداخلي للحفرة. وكان من المستحيل رؤية مكان القنبلة المغمورة، حيث أنها كانت عميقة وكان بها ما لا يقل عن ستة أمتار من المياه. قضى توما كونج دقيقتين هناك ثم توجه إلى موقف السيارات. كان بإمكانه رؤية وجه ينظر إليه من نافذة مدخل الملجأ، لكنه لم يتمكن من التعرف على الشخص. بدأ توما كونج دراجته النارية وغادر.

لكن توما كونج شعر بالخوف الشديد لأن المرأة شككت فيه. ربما ظنت أنه كان يكذب لأن شيئًا آخر سقط في الماء.

في اليوم الأول من المحاكمة، سأل القاضي توما كونج إذا كان لديه محامٍ للدفاع عنه. فأجاب أنه لا يستطيع تحمله. وبعد صمت، قال إن القضية بسيطة للغاية لدرجة أنه يستطيع شرحها ولا يحتاج إلى محام. وعلاوة على ذلك، لم يكن مهتما بالدفاع عن نفسه. وأخبره القاضي أن المحكمة يمكنها تعيين محامٍ حر لحمايته. ومرة أخرى، أبلغ توما كونج القاضي أنه يستطيع شرح الحقيقة لأنه لا يؤمن بالدفاع عن نفسه. في هذا العالم، يجب على الجميع الدفاع عن الآخرين.

لم يعلق توما كونج أهمية على معنى كلمة الدفاع في المحاكمة، حيث اعتقد أنها يمكن أن تشرح للقاضي ما حدث بالضبط. ولم يمانع في أن يطرح المدعي العام عدة أسئلة بناءً على الحادث بعد قانون العقوبات الهندي وقانون الإجراءات الجنائية وقانون الأدلة. لم يكن توما كونج على علم بأن هذه كانت محاكمة مبنية على الأدلة، وليس على الحقيقة. ويمكن للمدعي العام أن يوجه إليه اتهامات بالاغتصاب والقتل بناءً على الأدلة التي قدمها الشهود، وليس على الحقيقة أو ما حدث بالضبط.

فكر توما كونج في آبو، وفي التعذيب الجسدي الذي تعرض له في مقصورة مدير المدرسة، وفي القسم الذي أقسمه باسم إميلي بأنه لن يدافع عن نفسه أبدًا في أي موقف. ولم يهتم بأن الاستجواب في مقصورة المدير والمحاكمة المبنية على الأدلة في محكمة الجنايات هما حقيقتان مختلفتان. في المحكمة، كانت بعض الحوادث تفتقر إلى

الأدلة، حتى لو كانت صحيحة، ولا يمكن لأحد أن ينفيها إلا ويفشل كدليل. ولذلك، يمكن تجاهل الحقيقة أثناء المحاكمة. كانت الأحداث صحيحة أو كاذبة، ولم يكن هناك نقاش. في عالم توما كونج، لم تكن هناك سوى حوادث حقيقية، ولا يمكن أن تكون هناك أحداث كاذبة، لأن الباطل لا يمكن أن يوجد. بالنسبة له، ما كان يحدث كان حقيقة، وحقيقته لا يمكن إثباتها.

وبعد أيام عديدة من المحاكمة، عندما أصدر القاضي الحكم، أدرك توما كونج أنها كانت محاكمة غير عادلة، وأن الحكم كان كاذبًا. وبحسب المحكمة، لا يمكن أن توجد الأدلة خارج نطاق الوقائع المكتشفة؛ كان لا بد من رؤيتهم، أو سماعهم، أو لمسهم، أو تذوقهم، أو شمهم. لنفترض أن شخصًا ما لم يكن يعرف زهرة غابة غير موجودة. تفاجأ توما كونج بمعرفة التعريف الجديد للشؤون الجارية، أي ما بعد الحقيقة. كان لدي انطباع بوجود شيء ما دون معرفة أو دليل. ولكن بالنسبة للمحكمة، كانت الحقيقة حقيقة من ذوي الخبرة.

وهكذا حدث ما ثبت عندما قال المدعي العام والشهود إن توما كونج اغتصب القاصر وخنقها وألقى جثتها في البئر. وادعى كثيرون أنه حدث وأصبح حقيقة بتغيير تعريفه. لكن توما كونج لم يستطع قبول ذلك لأن الأحداث المذكورة مع الأدلة لم تحدث.

أثناء المحاكمة، شرح القاضي القواعد الأساسية التي يجب اتباعها في المحكمة. وفجأة، أصبح توما كونج هو المتهم. ألقى المدعي العام بيانًا افتتاحيًا تناول جوهر القضية: ذهبت توما كونج إلى ملجأ النساء، واغتصبت قاصرًا في إحدى الغرف، وخنقتها وأخيرًا ألقت جثتها في البئر.

ولم يدلي توما كونج بأي بيان طويل. وقال للمحكمة إنه ذهب إلى النزل الذي يديره جورج موكن، والتقى بالمدير وأصلح الأنبوب المتسرب، كما طلب منه. ومرة أخرى، ذهب إلى آمر السجن لإبلاغه بانتهاء المهمة. ثم اقترب من البئر ليرى مستوى المياه، كما طلب آمر السجن، وموقع المضخة المغمورة. وأخيرا، عاد إلى المنزل.

لم يأخذ توما كونج المحاكمة على محمل الجد، لأنه لم يعتقد أبدًا أنها يمكن أن تؤثر على حياته؛ يمكنهم معاقبته على جريمة لم يرتكبها. ولم يكن يتخيل أنه سيحكم عليه بالإعدام وأنه سيضطر إلى الاستئناف مرة أخرى. وعندما تم رفض الاستئناف النهائي، سيتم نقله إلى المشنقة. كانت المحاكمة بمثابة مسرحية من فصل واحد. كان يعتقد أنه كان يتصرف في المدرسة حيث كان شخصية. بعد انتهاء المسرحية، كان يرتدي الزي المدرسي ويعود إلى المنزل ليلاً. كان يعتقد أنه سيعود إلى المنزل، ويواصل عمله اليومي في مزرعة الخنازير ويعتني بالمزرعة في غياب بارفاثي وجورج موكين، حيث ذهبا إلى الولايات المتحدة.

لم يكن هناك شهود من توما كونج لأنه كان لديه انطباع بأنه وحده يكفي لأنه رفض الترافع في القضية. ولم يكن من الضروري أن يكون هناك شاهد، حيث لم يعلم أحد بذهابها إلى ملجأ النساء، باستثناء بارفاثي وجورج موكين، اللذين ذهبا لرؤية ابنتهما في الولايات المتحدة. كان توما كونج واثقًا من حقيقة ما حدث بالضبط في مأوى العاملات في ذلك الأحد. وظن أن القاضي سيصدقه عندما يشرح الحقائق البسيطة. الحقيقة كانت بسيطة، واضحة مثل ضوء الشمس، ولم يكن هناك شك. لقد كان هذا ما حدث؛ ولم يكن ما لم يحدث، ولم يكن هناك نقاش حوله، إذ ما لم يحدث لم يكن موجودا. كان الأمر كما لو كان الجميع يقولون إن الشمس هي الشمس والقمر هو القمر، لأن الشمس لا يمكن أن تكون قمرًا، ولا يمكن أن يكون القمر شمسًا.

كانت المحاكمة في قضية جنائية لا معنى لها لأنه لم يكن هناك ما يمكن مناقشته أو التحقق منه، وشكك توما كونج في غرض المحاكمة في ذهنه. يمكن للأدلة أن تخلق كذباً، وقد تُدفن الحقيقة في مكان ما أثناء المحاكمة أو في نهايتها. وكان الدليل هو العامل الحاسم، ويمكن للمدعي العام أن يختلقه، ويمكن للقاضي الساذج أن يصدقه، أو يمكن أن يصبح طرفا في نسج الحكايات.

كان القاضي هو العامل الحاسم في المحاكمة الجنائية. وقد يكون مع الحق أو ضده. يمكنه ركوب الأمواج التي يخلقها المدعي العام وقمع الحقائق المبنية على أدلة كاذبة أو الوقوف مع الحقيقة برفض الأدلة الكاذبة.

إن الحقيقة تمثل الواقع، وهو عكس الأكاذيب، والباطل لا يمكن أن يوجد لأنه يفتقر إلى الاهتزاز الذاتي والإمكانات الداخلية. كانت الحقيقة مرتبطة بالتجربة، لكنها لم تكن أكثر من حقيقة؛ لا يستطيع الشاهد تغييره. وبما أن الباطل لا يمكنه تغيير الحقيقة، فإن الحقيقة تدعم دائمًا حقيقة أخرى وتفهم الحقيقة التالية. وكانت الحقيقة قطعية، وعندما قيلت ذكرت حقائق ومعتقدات وأقوالاً ملموسة تدعم بعضها البعض، ولم يكن هناك أي تناقض. كانت والدته إميلي هي الحقيقة، وكذلك كان والده كورين الذي أحبه. حقيقة أنه أحرق كل صور قلب يسوع الأقدس والسيدة مريم العذراء وجميع القديسين. وكان عدم وجود الله حقيقة. كان لدى جميع الناس معرفة ومعتقدات محددة بأن عالمهم هو الحقيقة.

لم يستطع توما كونج التفكير في الباطل لأنه كان يقول الحقيقة دائمًا. علمته والدته وأبوه أن يقول الحقيقة. وعندما قال للمحكمة إنه لم ير الفتاة ولم يغتصبها ولم يخنقها ولم يلقي جثتها في بئر، فإن ما قاله هو الحقيقة. ولم يعرف لماذا يطلب من محامٍ أن يدافع عنه في المحكمة. وكان توما كونج هو محاميه لأنه كان يعرف كيف يقول الحقيقة. لكنه لم يفهم لماذا كان عليه إقناع القاضي بصحة ما قاله. وكان من واجب الشرطة معرفة هوية المغتصب الذي قتل القاصر وخنقها وألقى بها في البئر. لم يكن لدى الرجل البريء ما يفعله، ورفض توما كونج تعيين محامٍ ولم يقبل محامٍ عينته المحكمة للدفاع عنه. لم يكن بحاجة إلى حماية نفسه، لأن إقناع شخص ما ببراءته يؤذي شخصًا آخر، حيث أن الجميع مسؤولون عن الجميع.

كان المدعي العام ينسج قصة كاذبة، وافترض توما كونج أن القاضي سيرفضها، لأن وظيفته هي البحث عن الحقيقة. وكان المدعي العام واضحاً ومتسقاً في عرضه للوقائع. لقد كان منطقيًا وقدم الأدلة تلو

الأدلة المبنية على أساس متين شكك في براءة توما كونج. لكن ما قاله المدعي العام لم يكن صحيحا، حتى لو كان مدعوما بالأدلة. أصبح الدليل نقيضًا للحقائق، مما دفع توما كونج إلى السقالة.

والشهود هم مدير النزل ومديره والطاهي وثلاثة غرباء. بُنيت قصته على أساس منطقي متين تم إنشاؤه من خلال البلاط المتشابك لقانون العقوبات الهندي وقانون الأدلة اللذين تم نسجهما معًا ونطقهما من قبل المدعي العام. لقد بدوا وكأنهم الحقيقة الحقيقية، لكن الشهود كانوا روبوتات قابلة للتحقق.

وكان الشاهد الأول هو المساعد. كانت ترتدي ساريًا مختلفًا، لكن توما كونج تعرف عليها. وأخبر المحكمة أنه فتح الباب بعد أن قرع المتهم الجرس وقاد المتهم إلى مدير النزل. وبعد تلقي الأوامر من المدير، قام باصطحاب المتهم إلى الشرفة عبر السلم الداخلي. ولاحظ أن المدعى عليه كان فضولياً وراقب الجدران والأرضية بعناية. وعندما وصل إلى أسفل الشرفة مباشرة، فتح الباب من الداخل، الذي كان مغلقًا دائمًا. وعلى الشرفة، عرضت العمل على المتهم، الذي بدأ العمل على الفور، لكنه لم يتحدث معها. وبعد دقيقتين تركته ونزلت دون أن تغلق الباب من الداخل، حيث أن المتهمة ستنزل لمقابلة الحارس لإبلاغها بالوظيفة. عادت المتهمة بعد ثلاثين دقيقة ورأت المتهم يدخل غرفة مدير النزل. ولم يبق مع المدير أو المتهم لأنه كان لديه وظيفة أخرى ولم يعرف ما حدث بعد ذلك.

وأخبر القاضي المدعى عليه أنه بما أنه ليس لديه محامٍ يمثله، فيمكنه استجواب الشاهد. ولم يسأل توما كونج الشاهد عن أي شيء، لأن ما قاله في المحاكمة كان صحيحًا بالنسبة له ولم يرغب في استجوابه.

"لماذا أنت صامت؟" سأل القاضي.

أجاب توما كونج: "هل لدي الحق في التزام الصمت؟"

قال القاضي: "أنت المدعى عليه".

وقال توما كونج: "بالنسبة لهم أنا متهم، ولكن بالنسبة لي أنا بريء".

قال القاضي: "عليك أن تحمي نفسك".

"عليهم أن يحموني بعدم اتهامي زورا، فأنا لا أتهم أحدا. من المستحيل الرد على كل الاتهامات، ولا أرد على أي منها"، رد توما كونج.

ضحك القاضي.

الشاهد التالي كان شاباً يعاني من صعوبة في المشي، وكأنه مصاب بشلل الأطفال. وقال للمحكمة إنه كان يعمل كناساً في النزل طوال السنوات العشر الماضية. عندما كنت مراهقًا، كنت أذهب إلى هناك وأعمل، أساعد الطباخ وأقوم ببعض المهمات لمدير النزل. عادةً ما أبدأ المضخة كل صباح في الخامسة وبعد الظهر في السادسة. كان يقيم في غرفة صغيرة تحت الدرج، في الطابق الأرضي من النزل. منذ أن كان يتيما، لم يكن لديه مكان يذهب إليه خلال العطلات.

كانت الساعة حوالي الرابعة وخمسة وأربعين ظهرًا يوم الأحد. كان يستريح في غرفته ويستمع إلى أغاني الأفلام. وفجأة سمع أحدهم يبكي. كان صوت فتاة صغيرة. وبما أنها كانت في ملجأ النساء لأكثر من عشر سنوات، فقد تمكنت من التعرف على الأصوات النسائية. لكنها كانت صرخة فتاة، فتحت الباب ودخلت الردهة. مرة أخرى، سمع صرخة خافتة. كان متأكداً من أنها جاءت من غرفة في الطابق الأرضي. قام بتفتيش الغرفة بشكل محموم ووجد غرفة مغلقة من الداخل. كان يعلم أن فتاة كانت تقيم في غرفة أخته. وصل إلى الملجأ في الصباح، دون أن يعلم أن أخته قد عادت إلى المنزل في اليوم السابق. انتظرت الفتاة في غرفتها، حيث غادرت الحافلة المتجهة إلى مدينتها بعد الظهر حوالي الساعة الخامسة.

طرق الباب ولم يفتحه أحد. لكنه كان على يقين من أن الفتاة كانت هناك في الغرفة. ركض إلى مكتب مدير النزل، لكنها لم تكن هناك، فبحث عنها فوجدها في الحديقة بعد حوالي عشرين دقيقة. وأبلغها بالحادثة وركض نحو غرفة الفتاة. ركض المأمور أمامه. وعندما دخلوا الردهة، وكانت الساعة حوالي الخامسة بعد الظهر، رأى المتهم يحمل الفتاة بين ذراعيه ويركض في الردهة. وفتح المتهم

الباب المجاور للمطبخ، لكنه لم يتمكن من رؤية الحارس الذي كان يتبعه. وعندما وصل الشاهد إلى الباب رأى المتهم يميل نحو البئر.

"لم أر وجهه، لكني رأيته من الجانب. وقال الشاهد: "أنا متأكد من أن المتهم هو الشخص الذي ركض بجثة الفتاة". طلب المدعي العام من القاضي أن يكتب الحدث بالتسلسل، وقام الكاتب بطباعة كل كلمة من كلمات الشاهد.

بدا توما كونج مندهشًا عندما سمع ما قاله الكناس. لقد كان كذبا.

سأل القاضي المتهم إذا كان يريد استجواب الشاهد. وقال توما كونج إن ما قاله الشاهد عنه والوقائع التي رواها كذب. ولم يدخل غرفة الفتاة ولم يلتق قط بالفتاة التي كان الشاهد يتحدث عنها. لم يكن توما كونج قد رأى الفتاة من قبل، ولم يكن هناك شك في اغتصابها وخنقها وتشغيل جسدها في الردهة وإلقائه في البئر.

رفض توما كونج استجواب الشاهدة لأنه كان يعتقد أن استجوابها لن يكون قادرًا على تغيير الأكاذيب التي قالتها.

كيف ستثبت أنك بريء؟" سأل القاضي.

"لماذا يجب أن أثبت أنني بريء؟ أنا بريء، وهذه حقيقة. لكني لا أريد أن أثبت ذلك لكل من يوجه لي اتهامات باطلة. من المستحيل بالنسبة لي من الناحية الإنسانية أن أمنع الناس من قول الأكاذيب. قال توما كونج: "من حقي ألا أرد على الباطل".

"المتهم هو أنت. قال القاضي: فقط من خلال دحض ما قاله الشاهد يمكنك إظهار أنك بريء من الذنب.

"أنا أكون. "لماذا أحتاج إلى دليل خارجي لتأكيد ذنبي؟" أجاب توما كونج.

"أحتاج إلى دليل، أنا لا أبحث عن الحقيقة. الأدلة يمكن أن تدحض الباطل. صمتك، وبرك الذاتي، وبساطتك لن تكون كافية في المحكمة. وأوضح القاضي: "عليك أن تحمي نفسك من المخاطر التي تهدد حياتك".

أجاب توما كونج: "لا أؤمن بالحكم الذي لا يستند إلى الحقيقة المطلقة".

ضحك القاضي.

الشاهد التالي كان بستاني النزل. وقال إنه كان يعيش في كوخ قديم مكون من غرفتين في الملجأ مع زوجته وطفليه لمدة ست سنوات. وفي أيام الأحد لم يكن يعمل، لكنه كان يتجول في حديقة النزل. وفي حوالي الساعة الخامسة والعشرين سمع جلبة بالقرب من البئر، فركض نحوها ورأى المتهم يرمي جثة فتاة في البئر. كانت مديرة النزل داخل الباب مباشرةً، بجوار المطبخ، وكان الكنس خلفها. كان هناك دفقة من البئر. فخرج الطباخ وصرخ في المتهم وسأله عما يفعله. ولم يقل المتهم كلمة واحدة؛ يبقى هادئا. وقال البستاني إنه شعر بالخوف عندما رأى وجه المتهم. سرعان ما بدأ دراجته النارية وغادر وكأن شيئًا لم يحدث.

نظر توما كونج إلى البستاني في مفاجأة. وكان متأكداً من روايته كأنها حدثت. لكن البستاني كان غير أمين؛ لا شيء مما قاله كان صحيحا.

ومرة أخرى كرر القاضي ما إذا كان المدعى عليه مهتمًا باستجواب الشاهد. وقال توما كونج للقاضي إن ما قاله الشاهد كان محض خيال. حتى لو كذب الشاهد، لم يكن توما كونج مهتمًا باستجوابه، لأن الكذبة لا يمكن أن تصبح حقيقة.

كان بواب النزل هو الشاهد التالي، رجل ضخم يبلغ طوله ستة أقدام وعمره حوالي أربعين عامًا. لقد كانت في ملجأ النساء لمدة اثني عشر عامًا. وكان هناك بوابان آخران، يعمل كل منهما ثماني ساعات في اليوم. عندما يأخذ أحد الأشخاص إجازة مرضية، يعمل الآخرون اثنتي عشرة ساعة. في أيام الأحد، كنت أبدأ العمل في السادسة صباحًا. وصل المتهم إلى النزل في حوالي الساعة الثالثة بعد الظهر وطلب منه القائم بالأعمال إيقاف دراجته النارية في ساحة انتظار السيارات ذات العجلتين. وسأله عن سبب وجوده هناك، فأخبره المتهم أنه التقى بالمدير لإجراء بعض الإصلاحات. ثم دخل المتهم.

حوالي الساعة الخامسة وعشرون دقيقة، كان هناك ضجيج عالٍ قادم من البئر، وكان يسمع بعض الناس يصرخون ويبكون. وركض نحو البئر حيث كان المتهم. كانت مديرة النزل عند باب المطبخ وكان الكنس خلفها. وكان البستاني واقفاً ينظر إلى البئر. جاء الطباخ مسرعا وسأل المتهم عما كان يفعله، ولماذا هناك ضجيج، وبعض الأسئلة الأخرى. وتمكن البواب من التعرف على وجه المتهم لأنه طلب منه ركن الدراجة النارية في موقف السيارات ذو العجلتين.

ثم سأله المدعي العام عما إذا كان يمكنه التعرف على المتهم. قال العتال بصوت عالٍ "نعم"، والتفت إلى توما كونج وأخبر المحكمة أنه هو الشخص الذي كان يتحدث عنه وأنه هو الشخص الذي يقف بالقرب من البئر.

شعر توما كونج بالرغبة في الضحك لأنه كان يعلم أن الحارس يكذب. لكنه ظن أنه غير جدي؛ كانت دراما المحكمة بأكملها عبارة عن مسرحية من فصل واحد، وكان يعود إلى المنزل بعد المسرحية. لم يدرك توما كونج خطورة المحاكمة التي بدت له وكأنها لعبة أطفال.

أعطى القاضي توما كونج فرصة أخرى لاستجواب الشاهد، وأخبر توما كونج القاضي أن ما قاله الشاهد في المحاكمة كان كذبًا لم يحدث أبدًا. علاوة على ذلك، فهو لم يقابل الشاهد قط ولم يرغب في استجواب شخص كذب أثناء المحاكمة.

الشاهد التالي كان الطباخ. وأخبر المحكمة أن هناك ضجة كبيرة خارج المطبخ، بالقرب من البئر، فركض إلى الخارج ليرى ما يحدث. وكان الحارس والكنس هناك بالفعل. وكان البستاني ينظر في البئر.

وسأل الشاهد المتهم عما حدث وهل سقط أي شيء في البئر. ورد المتهم بأن بعض الحجارة سقطت في البئر. ثم سأل الشاهد عن سبب ميل المتهم نحو البئر، فأجاب بأنه كان يبحث داخل البئر لمعرفة رافعة المياه ومكان المضخة المغمورة. وقالت الشاهدة إنها لم تصدق المتهم حيث سقط شيء ثقيل في البئر وارتفعت المياه. وقال الشاهد

للمحكمة إنه يبدو أن المتهم كان يخفي شيئا ما. لم يكن سقوط حجرين ليحدث كل هذا الضجيج. وكان سبب الضجيج هو قيام المتهم بإلقاء جسم ثقيل في البئر.

سأل القاضي عما إذا كان المدعى عليه يريد استجواب الشاهد. وقال توما كونج للقاضي إنه لا يريد استجواب الشاهد، لكنه يريد التعليق على ما قاله. وسمح له القاضي بالإدلاء بتعليقاته. وقال المتهم إن ما قاله الشاهد عنه صحيح، لكن ما قاله الشاهد عن شهود آخرين كذب.

وقال المدعي العام إن المتهم قبل أقوال الشاهد برفض استجوابه.

وكان الشاهد الأخير هو الشخص المسؤول عن الملجأ. كانت ترتدي ساري قطني أبيض وبلوزة بأكمام كاملة. كان عمره حوالي خمسة وخمسين عامًا، وكان يبدو مهيبًا، وشعره الرمادي مصفف بعناية ومقيد خلف رأسه. كان إطار نظارته فضيًا، وكان صوته بطيئًا ولكن مرتفعًا وواضحًا، كما لو كان يتحدث من جرة طينية، رغم أن وجهه كان خاليًا من التعبير؛ لم تكن هناك اختلافات عاطفية في صوتهم. في البداية روى الأحداث بضمير الغائب.

ووصل المتهم إلى النزل في حوالي الساعة الثالثة والنصف بعد الظهر. وأوضح المخرج طبيعة العمل الذي كان على توما كونج القيام به. صعد برفقة مدير النزل إلى الشرفة لإصلاح التسرب في أنبوب الخزان العلوي. عاد الموظف على الفور وأنهى المدعى عليه المهمة خلال نصف ساعة. واتهم المتهم بعمله وطلب منه المدير المغادرة. ثم بدأ المخرج بالحديث عن الضحية.

كانت تلميذة تبلغ من العمر خمسة عشر عامًا، وصلت إلى النزل في حوالي الساعة الثامنة والنصف صباحًا لمقابلة أختها، العاملة في النزل. وكانت الفتاة تسكن في مدرسة تقع على بعد حوالي كيلومترين من ملجأ النساء العاملات. وفي بعض المناسبات، وبإذن من مدير مدرسته، كان يزور أخته ليقضي معها أيام الأحد ويعود إلى مدرسته أول شيء في صباح اليوم التالي. في ذلك اليوم، ذهبت إلى الملجأ لتسافر مع أختها إلى المنزل لقضاء إجازة مدتها سبعة أيام، دون أن تعلم أن أختها قد غادرت بالفعل. حوالي الساعة الخامسة بعد الظهر،

كانت هناك حافلة مباشرة إلى مسقط رأسها، والتي وصلت بعد ساعتين، لذلك انتظرت الفتاة بمفردها في غرفة أختها. وأثناء سير المتهم في ردهة النزل، شاهد الفتاة؛ دخل غرفتها واغتصبها وخنقها.

عند سماع الضجيج داخل الغرفة، ركض كناس النزل إلى الغرفة. وكانت مغلقة من الداخل. كان بإمكانه سماع صرخات خافتة قادمة من الغرفة. ثم ركض إلى غرفة المديرة لإبلاغها.

فجأة، غيّر آمر السجن السرد إلى ضمير المتكلم.

"قابلني الكنس في الحديقة وأخبرني عن الضوضاء في غرفة الفتاة. أسرعت معه إلى مبنى النزل. رأيت المتهم يركض في الردهة ومعه جثة الفتاة. تستطيع أن ترى وجهه. لقد كان المتهم. وكانت الساعة تشير إلى الخامسة والربع تقريبًا، وكان المتهم متواجدًا في غرفة الفتاة لمدة نصف ساعة تقريبًا. ركضت خلفه وأنا أصرخ، لكنه فتح الباب وخرج وألقى بجثة الفتاة في البئر. كان البستاني هناك بالفعل، وجاء الحمال مسرعًا، ثم جاء الطباخ.»

واغتصب المتهم الفتاة وخنقها وحمل جثتها بيده وذهب إلى البئر وألقاها بداخلها.

نظر توما كونج إلى الحارس غير مصدق. ما قاله كان كذبا. عرفت المأمورة أنه يكذب، لكنها توقعت أن ما قاله كان صحيحًا.

سأل القاضي توما كونج إذا كان يريد استجواب الشاهد. وقال توما كونج للقاضي إن كل ما قاله الشاهد تقريبًا كان كاذبًا. لم يرد أن يسألها، لأن الباطل لا يمكن أن يصبح حقيقة. كان لها الحق في أن تقول ما تريد، ولكن في الوقت نفسه كان من واجبها أن تقول الحقيقة. لكنه فشل فشلا ذريعا، لأن اختباراته لم تكن موضوعية.

وكانت الحقيقة صادقة وحقيقية وصادقة، ولا تحتاج إلى دليل أو دليل لتكون الحقيقة. فقط أولئك الذين كانوا خائفين من الآخرين دافعوا عن أنفسهم. من وثق بنفسه كان وحيدا، وكان توما كونج وحيدا. وبدون خوف، قبل كل ما حدث. لكنه تحدى كل ما يخالف ما هو حقيقي، رغم أنه فشل في إقناع القاضي الذي اقتنع بالفعل بقصته. لقد أراد

محو هذا التاريخ إلى الأبد، وكانت المحاكمة بمثابة حلم بعيد المنال بالنسبة للآخرين. وعندما كان الطفل ينمو في الرحم، توسل إلى الأم أن تجهضه، لأن ولادته ستؤثر على شركته ومستقبله. لكن المرأة رفضت.

لقد كانت محض صدفة أن تتم محاكمة قضية توما كونج في محكمته. كان يعلم ببراءة توما كونج، لكنه لم يرد أن يتحمل ثقل افتتانه بامرأة شابة.

لم يسأل كورين أبدًا عن خلفية المرأة التي التقى بها في حديقة اليوبيل في كوتايام. وُلد طفلها في منزل خالتها. فتزوجها وذهب معها إلى أرض بعيدة وعمل في حظيرة للخنازير. أحب كورين توما كونج باعتباره ابنه.

ولم يرتكب توما كونج جريمة قتل، فهو لم يغتصب الفتاة أو يخنقها. ولم يقبل القاضي ما قاله توما كونج لأنه صدق ما قاله المدعي العام. أراد المدعي العام أن يكسب قضيته، لأن المساعدة القانونية المتبادلة كانت صديقته؛ ومن ناحية أخرى، أراد القاضي محو ماضيه. وكان لكل منهما أهداف مختلفة لتحقيقها، دون معرفة دوافع الآخر.

ولم يكن من مسؤولية توما كونج دحض كل الحجج وكشف كذب الآخرين. كان له الحق في التزام الصمت، وعدم الدفاع عن نفسه، ولم يؤمن بالدفاع عن نفسه. ولم ير القاصر، وكانت حقيقة. إذا رفض القاضي قبول هذه النقطة، فلم يكن ذلك خطأ توما كونج، لأن القاضي لم يكن صادقًا وأخطأ في اكتشاف المغتصب الحقيقي. لم يكن من واجب توما كونج البحث والعثور على المغتصب كما كان من واجب الشرطة.

تخيل توما كونج أن القاضي يمكنه قراءة ذنبه بسهولة أثناء البحث عن الحقائق والأدلة. وكان واجب القاضي هو إصدار حكم يستند إلى الحقائق، ولم يكن توما كونج ملزماً بإبلاغ القاضي. وإذا أصدر القاضي حكماً خاطئاً، فإن ذلك يدل على عدم قدرته على تحقيق العدالة. دافع الناس الأنانيون عن أنفسهم، وأصدر القضاة المتهورون حكمًا خاطئًا. لم يكن لدى توما كونج أي سبب أناني للعيش. وكان

جهده هو أن يعيش حياة صادقة دون إيذاء الآخرين. وبما أنه لم يكن السبب في حياتها، لم يكن لديها أي سبب للدفاع عن حياتها، على الرغم من أن حياة الجميع كانت ثمينة عند الجميع.

وشهد وكيل النيابة في المحكمة أن جميع الشهود رأوا المتهم، وأن اثنين منهم شاهدوه وهو يحمل جثة القاصر ويلقيها في البئر. وكان اثنان منهم قد رآه يميل نحو البئر؛ وكان الستة قد سمعوا ضجيجاً عالياً قادماً من البئر عندما سقطت جثة الفتاة في الماء. وكان جميع الشهود الستة على يقين من أن المتهم ارتكب الجرائم. المتهم اغتصب وخنق وقتل القاصر. ثم ألقى جسده في البئر. وكان يخشى استجواب الشهود لأنه كان يخشى مواجهة الأدلة، ولم يتمكن من إثبات أي خطأ في حجج الشهود.

بفضل أقسامه المختلفة وتفاصيله المتعلقة بالقوانين الجنائية وتعقيدات قانون الأدلة، أنشأ المدعي العام عالمًا أعطى فيه توما كونج لقب المغتصب والقاتل. كانت كل كلمة من كلماته بمثابة فخ، جزء صغير من شبكة عملاقة، تتشابك مع توما كونج ببطء ولكن بثبات، خطوة بخطوة. في نظر الآخرين، لم يكن لدى توما كونج مفر ولا مخرج، لأن براءته كانت تتلاشى مثل ضباب الصباح على قمة الجبل. لم يُظهر توما كونج أي ارتباط بوجوده. لقد كان غافلاً عما يحدث في المحكمة ولم يكن قلقاً بشأن ما قد يحدث. وكان هذا التعبير بمثابة قبول للمدعي العام لذنبه.

في بعض الأحيان، كان توما كونج يفكر في قبول اللوم. لقد اغتصب شخص ما فتاة فقيرة وقتلها، وكان على شخص ما أن يعترف بهذه الجريمة. كان من الضروري أن يقول شخص ما أنهم فعلوا ذلك، ولم يكن هناك أحد يقف من بين الجمهور في المحكمة ويقول: "نعم، لقد فعلت ذلك". لقد كان من الخطأ عدم قبول اللوم، لأنه كان لا بد من قيام شخص ما بذلك. لكنه رأى أن من واجبه الاعتراف بالمسؤولية ووقف المحاكمة اللاحقة. لم يجد توما كونج نفسه أبدًا في حياته في مثل هذا المستنقع لدرجة أن عقله طلب منه الاعتراف بشيء لم يفعله. كان ذلك لمساعدة القاضي على عدم الاستمرار في المحاكمة

دون وجود مجرم ظاهر. كانت هناك ضحية، وكان من المحتم أن يكون هناك قاتل؛ وكان من واجبه الاعتراف بذلك حتى لو لم يكن المجرم. لكنه هو المتهم، حتى لو لم يغتصب الفتاة ويخنقها ويلقيها في البئر. لقد كان فكرًا ضائعًا، لكنه كان مخالفًا لقناعاته ومعتقداته.

وفي صمته، ظهر توما كونج كمغتصب لقاصر، رغم أنه لم يرها من قبل. كان عليه أن يحمل عبء الجريمة على كتفيه.

إن التزام الصمت يتجاوز امتياز تجريم الذات. وكان من حق المرء ألا يتحدث حتى عن براءته، وليس الدفاع عن نفسه، لأن كل فرد عليه واجب حماية الجميع وكان مسؤولاً عن عدم اتهام الآخرين بتوجيه اتهامات باطلة. لماذا يتعين على المرء أن يدافع عن نفسه؟ كان هذا سؤالًا لا يمكن الإجابة عليه بالنسبة لتوما كونج؛ ولم يستطع أحد أن يعطيه إجابة كافية، ولا حتى القاضي.

لقد أخفى معلومات عن البراءة، إذ لا ينبغي للإنسان أن يتباهى بمجده.

"أنا المحامي الخاص بي، لكني لا أريد أن أتحدث عن نفسي، لأنني لا أعتقد أنني بحاجة لحماية نفسي. وقال توما كونج للقاضي عندما بدأت المحاكمة في اليوم الأخير، وضحك القاضي على سذاجته: "من واجب الأفراد الآخرين والمجتمع ألا يقولوا الأكاذيب عني". وجد القاضي حجة توما كونج واهية أو فارغة أو سطحية أو متهورة.

نظر توما كونج إلى القاضي غير مصدق، آملاً ألا يكون القاضي قد اتخذ من صمته دليلاً ضده.

ضحك المدعي العام بصوت عالٍ، وانضم إلى القاضي. نظر توما كونج إلى المدعي العام بتشكك وتسلية. ورأى أن القاضي ووكيل النيابة تجاهلا شوق قلوب البشر إلى الاستقامة في كل أفعالهم ومعتقداتهم.

ستكون تعبيرات المدعي العام منتصرة عندما أعلن القاضي الحكم بأن توما كونج مذنب. اغتصب وخنق وألقى جثة قاصر في بئر ملجأ النساء.

ظهر الارتباك على وجه توما كونج عندما سمع تعبيرات الفرح التي أبداها المدعي العام، وهي متعة نابعة من عذاب رجل بريء. وكان المدعي العام يعلم أنه ينسج الأكاذيب لصالح صديقه السياسي؛ ولما صار وزيرا عينوه قاضيا.

نظر توما كونج إلى المدعي العام والقاضي بازدراء وشفقة.

كانت جهوده غير مجدية في إقناع أي شخص بأنه لم يلمس فتاة أو امرأة أبدًا غير والدته إميلي وبارفاثي وأمبيكا. ولم ينجح في إثبات أنه لم يفكر قط في اغتصاب فتاة أو امرأة، لأنه لم يكن لديه مثل هذا الدافع الجنسي المعيب من قبل.

لم يفكر أبدًا في خنق أي شخص لأنه لم يغضب أبدًا من أي شخص آخر غير آبو.

لكن Appu كان قاسيا. لقد حاول إذلال توما كونج علنًا، وكان هدفه والدة توما كونج. كانت إميلي مصدر فخر لها، وأي شخص أراد أن يقول كلمة سيئة عنها حطم قلبها. لم أستطع قبول ذلك؛ كان الألم يفوق خياله.

إن جهله بالسلوك البشري جعله يلتزم الصمت الذي اعتبره الآخرون تعبيراً عن إجرامه. ثقته في أي شخص يقابله جعلته ضعيفًا، وكان هدوئه ولطفه ضده. ولم يكن لديه وضوح في شرح الأحداث، ولم يتمكن من فهم مفاهيم الشرطة والقانون والمحاكم. انقلبت حياته البسيطة ضده، وكأنه انطوائي ومنعزل وعدو للناس. وأثناء استماعه إلى المدعي العام، شكك توما كونج في إدانته بأنه بريء، واعتقد أنه كان بإمكانه اغتصابها وخنقها وإلقاء جثتها في القبر دون رؤية الفتاة أو لمسها.

حتى عند المشنقة، خيم الصمت على كل شيء، باستثناء بضع دقائق قبل أن يقرأ قاضي المنطقة الأمر.

ولم يُسمح لأي سجين أن يشهد إعدام زميل له. عرف توما كونج أن مدير السجن واثنين من كبار السجانين وما لا يقل عن اثني عشر حارسًا، بما في ذلك عشرة محضرين واثنين من كبار المحضرين،

سيكونون على المشنقة. لن يكون هناك كاهن لأن توما كونج لم يؤمن بالله. يمكن للمشرف أن يسمح لعلماء الاجتماع وعلماء النفس والأطباء النفسيين المشاركين في دراسات سلوك القتلة والمدانين بمشاهدة عملية الإعدام.

سيتم تنفيذ الإعدام قبل الفجر، وسيتم حبس جميع السجناء في ثكناتهم وزنزاناتهم.

سيتم تغطية رأس توما كونج لأنه لن يُسمح له برؤية المشنقة.

كان السجن عالمًا خاصًا به، عالمًا لأولئك الذين فقدوا حريتهم. بالنسبة للمجتمع، كان فقدان الاستقلال نتيجة لاختلاس الحرية. ولكن إذا لم تكن هناك حرية في المقام الأول، فأين يمكن أن يحصل توما كونج على استقلاليته؟ لقد ضاع تقرير المصير من أجل الحصول عليه، وإذا لم تكن الذات موجودة، اختفى تقرير المصير في صحراء الوجود القاحلة.

خسر توما كونج إلى الأبد عندما تم رفض استئنافه الأخير.

"الرجل المدان مفترس جنسي خطير؛ فهو يشكل تهديدًا للتعايش السلمي بين الأفراد الذين يحترمون ويطيعون قانون البلاد؛ ولا يمكن الموافقة على طلبه بالعفو".

وكان الحكم في جملة واحدة دقيقا. وأجبر سلطات السجن على دهن المشنقة بالزيت، التي لم تستخدم منذ فترة طويلة، وأمر المشرف بالحصول على حبل قوي لشنق توما كونج.

لكن معنى عبارة "المفترس الجنسي الخطير" كان يتجاوز فهمه. لقد حاول أن يجعل الأمر مفهوماً طوال الأسبوع، لكنه فشل. ولم يستطع أحد في السجن أن يجعله يفهم معناها. كان بإمكانها أن تطلب منه أن يشرح الأمر بعبارات بسيطة لو كانت والدتها على قيد الحياة. لقد رآها تكتب رسائل لمدير مدرستها، الذي لم يكن يعرف كيفية التحدث أو الكتابة باللغة الإنجليزية بشكل صحيح. لو كانت بارفاثي وجورج موكين هناك، لكنت سأطلب منهم ذلك. لكنهم غادروا إلى أمريكا بعد

ظهر نفس اليوم الذي ذهبت فيه توما كونج إلى مأوى النساء لإصلاح الأنبوب المتسرب في الخزان العلوي.

بالنسبة إلى توما كونج، كان فهم معنى الكلمات بمثابة تحدي أيضًا، وتهديدًا للتعايش السلمي بين الناس. لم يشكل توما كونج أبدًا خطرًا على أي شخص، باستثناء ضربه لأبو، الذي اتصل بوالدته فيشيا. لقد كان غاضبًا لأن Appu حاول تشويه شخصية أمي. كان مؤلماً؛ لقد أذيته أكثر من اللازم. سقطت أسنانان وسعل دمًا. كانت تلك هي المرة الوحيدة التي شكل فيها توما كونج تهديدًا للتعايش السلمي بين الناس. لكن لم يدرك أحد خطورة الحقد في كلمات آبو. لم يكن لديه أي سبب ليطلق على ماما اسم عاهرة.

لكن المدرسة حذفت توما كونج من القائمة ورفضت منحه شهادة نقل؛ ولم يتمكن من الالتحاق بمدرسة أخرى. وبما أنها كانت نهاية دراسته، التقى جورج موكن بمدير المدرسة متوسلاً شهادة النقل، وعاد بخيبة أمل.

ذهب توما كونج إلى حظيرة الخنازير. كان جيدًا في إخصاء الخنازير. كانت سكينته حادة، واستغرق توما كونج دقيقتين فقط للقيام بعمله. وبعد يومين، عادت الخنازير إلى وضعها الطبيعي، وأكلت أكثر واكتسبت الوزن. كان هناك طلب متزايد على اللحوم من الخنازير المخصية. لكنه لم يستطع أن ينسى مدرسته، حيث أراد أن يدرس ويصبح مهندسًا ويسافر إلى الخارج مثل بارفاثي وموكين. لكن توما كونج كان ينام وهو يحلم بخنازيره الصغيرة وكان يحب رائحة الخنازير.

وكان رفض استئنافه الأول صريحًا ولاذعًا أيضًا:

"إن القانون يتطلب الحياد والعدالة والمساواة. وبعد خنق قاصر، اغتصبها المتهم وألقى جثتها في بئر. لديه تاريخ من سوء السلوك الخطير. تم رفض طلب العفو".

ولم يفهم توما كونج صحة الكلمات المستخدمة في الحكم. لم تحدث حوادث من هذا النوع في حياته قط، ولم يتذكر اغتصاب قاصر، ولم

يكن لديه تاريخ من سوء السلوك ولم يعانق أي شخص قط، باستثناء والدته. عندما كان صغيرًا، اعتادت بارفاتي على احتضانه، وزرع قبلات حلوة على جبهته. وبالنسبة لتوما كونج فإن الحادثة وادعاءات الحكم ورفض استئنافه باطلة. لم يكن قد أقام علاقات جنسية مع امرأة ولو مرة واحدة، وكان يبلغ من العمر خمسة وثلاثين عامًا ويسير إلى المشنقة بتهمة اغتصاب وقتل قاصر.

وفجأة توقف العرض. لم تكن هناك خطوات. كان الصمت تاما. كان الجميع ينامون داخل أسوار السجن باستثناء المشرف والسجانين والطبيب والحراس وتوما كونج. استغرق الأمر منهم ثلاث دقائق للوصول إلى المكان؛ سيستغرق الأمر دقيقتين للوصول إلى المشنقة. قرأ قاضي المنطقة الأمر؛ سيأخذه الجلاد إلى المشنقة، ويضعه على الباب المسحور ويربطه حول رقبته. اقترب من المحكوم عليه وهمس في أذنه:

"سامحني، أنا أقوم بواجبي".

وكان واجبه شنق رجل بريء. لكن لم يكن من واجبه التحقق مما إذا كان المحكوم عليه مذنبًا حقًا؛ وكان هذا واجب القاضي. ومثل العديد من القضاة الآخرين في قضايا لا حصر لها، فشل القاضي في مهمته.

وكان آخر عمل قام به الجلاد هو سحب رافعة المشنقة. ثم يتحقق الطبيب مما إذا كان المشنوق قد مات ويوقع الشهادة النهائية.

أقل من عشر دقائق سوف تمر من الزنزانة إلى المشنقة.

عشر دقائق أخرى وهو معلق بالحبل داخل الحفرة.

سيبدأ علماء الاجتماع وعلماء النفس وعلماء الجريمة والأطباء النفسيين مناقشاتهم التي لا نهاية لها، وانضم إليهم العديد من الصحفيين. كانوا يكتبون مقالات علمية ويشجعون المناقشات.

تحول المشرف:

فأمر بتغطية وجهه.

أخرج رئيس السجان قطعة قماش سوداء مخيطة ووضعها على رأس توما كونج، وغطى وجهه بدقة. لم يعد يرى الشمس، والقمر، والنجوم، والحيوانات، والطيور، والأشجار، والكروم، ومحبوبته أيانكونو، وقمم أتايولي المغطاة بالغيوم الموسمية، وبارابوزا، والفيلة والنمور على ضفتيه، مزارع أشجار جوز الهند والخنازير ولا للبشر ومنهم بارفاثي وجورج موكين ورزاق.

وكانت تغطية رأس ووجه المحكوم عليه بقطعة قماش سوداء قبل الشنق من طقوس الحفاظ على كرامة المشنوق. لم يكن على المحكوم عليه أن يرى المشنقة؛ لن يرى أحد تعابير وجهه أو اضطرابه العاطفي وهو معلق بالحبل. كان المجتمع قلقًا بشأن احترام الرجل المدان لذاته، على الرغم من أنه لم يكن لديه أي مخاوف من حرمانه من الحرية، واتهمه باغتصاب قاصر وخنقه، وهو ما كان الشهود يعلمون أنه كاذب. لكنهم اتهموا توما كونج لأنه كان فريسة سهلة. استفاد جميع الشهود من رواية الخيال. وكان آمر السجن يحمي الابن البالغ لأحد السياسيين الذين يتنافسون في انتخابات مجلس الولاية، وهو أعلى مقعد للمشرعين في ولاية كيرالا.

أمضى توما كونج أحد عشر عامًا في السجن. وبحلول ذلك الوقت، كان الشاب قد أصبح وزيراً للتعليم في الولاية، وزار العديد من المدارس والكليات كضيف شرف. ونصح الفتيات بحماية أنفسهن من الاغتصاب المحتمل والأفعال الجنسية السيئة التي يرتكبها اللصوص مثل توما كونج، ويتذكر بوضوح الأسبوع الذي اختبأ فيه في غرفة نوم حارس النزل بعد اغتصاب القاصر وإلقاء جسدها في البئر. لم يسمع الشاب الرجولي عن رزاق من قبل، لكن توما كونج لم يكن أكيم، ونسي الدفاع عن نفسه.

رفضت المحكمة العليا والمحكمة العليا والرئيس استئنافات توما كونج، وبدأ الموكب مع توما كونج، الإنسان الأكثر حماية في الهند، لمدة عشر دقائق. لقد كان ذات مرة في موكب يوم الجمهورية، وفي اليوم الأخير من حياته، مرتديًا غطاءً أسود، سار إلى المشنقة بلا ذنب، محرومًا من الكلام.

القماش الأسود

عندما علقت إميلي نفسها على الصليب، كانت شبه عارية. بدا كما لو كان يعانق يسوع العاري.

صنعت إميلي حبلها من قذائف جوز الهند. استغرق الأمر أسبوعًا للانتهاء منه. في حوالي الساعة الثالثة والنصف صباحًا، فتحت باب ابنها، وسارت نحو سريره ونظرت إليه لمدة دقيقة. وعاشت له فقط ثلاثة عشر عامًا، ورفضت إجهاضه عندما كان ينمو داخل رحمها. عندما ولد توما كونج، كانت إميلي في التاسعة عشرة من عمرها.

كان اثنان وثلاثون سنًا صغيرًا للموت.

ماتت إميلي وحيدة على الصليب أمام الكنيسة.

كانت ليلة ممطرة. كانت إميلي تسير من منزلها. كان يحمل الحبل في يده اليسرى وكرسي بلاستيكي في يمينه. وفي ظلام دامس سار حوالي خمسمائة متر. كان يعرف الطريق جيدًا، إذ سافر فيه ألف مرة، كل يوم أحد، يوم مقدس، جميع أيام القديسين وجميع الأيام المقدسة لمدة ثلاثة عشر عامًا.

ألقى الضوء الخافت من أبراج الكنيسة بظلال طويلة على الصليب الجرانيتي الداكن العملاق، وبدا التمثال المعدني ليسوع مثل سحلية كبيرة.

كانت إميلي تذهب إلى الكنيسة بانتظام، وكان توما كونج يرافقها عندما كانت طفلة.

رفض كورين الذهاب إلى الكنيسة؛ لم أؤمن بالله. فضلت الخنازير.

لم يكن كورين معارضًا لذهاب إميلي وتوما كونج إلى الكنيسة؛ ولم يفرض معتقداته على الآخرين أبدًا. لقد أحب زوجته وابنه وعاش من

أجلهما. وعندما أصرت عمته على الزواج من إميلي في الكنيسة، ذهب معها إلى الكنيسة.

قدم له جورج موكين وبارفاثي عملاً وشكر هما. كان كورين قد أنهى للتو دورة الشهادة التي مدتها عام واحد في تربية الخنازير في كلية الطب البيطري وشاهد إعلانًا صغيرًا لمشرف مزرعة خنازير. سافر إلى Ayyankunnu والتقى ببارفاثي وموكين. لقد أحبوه وقدّروا حماسته ونهجه المنهجي وأمله والتزامه. كان عمره سبعة عشر عامًا فقط. قام كورين ببناء كوخ صغير في زاوية أرض جورج موكين، وبعد ذلك أعطاه موكين نصف فدان من الأرض حول الكوخ عندما انضمت إليه إميلي وتوما كونج.

لقد عمل معهم لمدة سبع سنوات قبل أن يأخذ إميلي وتوما كونج إلى أيانكونو. ولأول مرة، أخذ كورين إجازة لمدة ثلاثة أيام وذهب إلى كوتايام للقاء أخت والده مريم، قريبته الوحيدة على قيد الحياة. عملت ممرضة في المملكة المتحدة لمدة أربعين عامًا، وعندما توفي زوجها الطبيب، عادت إلى المنزل الذي بنته هي وزوجها في كوتايام، تاركة أطفالها وأولادهم في إنجلترا.

فقد كورين والدته عندما كان صغيرًا جدًا، أما والده، الذي كان موظفًا في مكتب تحصيل الضرائب، فلم يتزوج مرة أخرى واتجه إلى الكحول وخسر كل شيء ومات على ناصية الشارع. منذ سن العاشرة، عمل كورين في إسطبل، وواصل دراسته، والتحق ثم حصل على دورة تدريبية مدتها عام واحد في تربية الخنازير.

في اليوم الثاني مع أخت والده، حوالي الساعة السابعة مساءً، رأى كورين امرأة شابة حامل تجلس بمفردها في حديقة اليوبيل، بجوار منزل خالتها. لقد أدرك أنه بحاجة إلى المساعدة. كان الجو ممطرًا وظلامًا؛ اقترب منها. أدركت من أنفها الخنزير أنها كانت في المرحلة الأخيرة من الحمل وتحتاج إلى مساعدة فورية. أخبرته المرأة أنه ليس لديها مكان تذهب إليه، وطلب منها كورين أن ترافقه إلى منزل خالته دون التفكير في أي شيء. لم تستطع المشي. حملها كورين بين ذراعيه.

لم تضيع مريم أي وقت. أخذت إميلي إلى الداخل، ونظفتها بالماء الساخن، وقدمت لها طعامًا مغذيًا، ودلكت ساقيها وذراعيها. ولم ينم طوال الليل وبقي مع المرأة الحامل. في اليوم التالي، في الساعة الرابعة وخمس دقائق، أنجبت إيميلي. كان كورين هناك لمساعدة عمته طوال الليل، وكان أول من لمس الصبي، حيث ساعدته تجربته في حظيرة الخنازير الخاصة بجورج موكين كثيرًا.

وفي اليوم السابع أخذت مريم الطفلة إلى كنيسة رعيتها. تبعتها إميلي وكورين. واقترحت مريم اسم توما، تخليداً لذكرى القديس توما الرسول، مؤسس المسيحية في كيرالا. وتلا الكاهن الصلوات باللغة الآرامية السريانية والمالايالامية.

نظمت مريم حفلاً ودعت الكاهن وخازن الكنيسة وأولاد المذبح وأقرب جيرانها لتلك الليلة.

مدد كورين إجازته لمدة أسبوع آخر، بإجمالي عشرة أيام، وخطط للعودة إلى مالابار، تاركًا إميلي وتوما كونج في رعاية مريم في اليوم التالي. أخبر إميلي أنه سيعود في اليوم التالي. نظرت إليه إيميلي وبكت بصمت.

"هل تريد أن تأتي معي؟ أنا أعمل في حظيرة للخنازير. وقال كورين: "ليس لدي أي شيء سوى كوخ مبني على أرض صاحب العمل".

أجابت إميلي: "أود أن أذهب معك إلى أي مكان على وجه الأرض، فأنا لا أحتاج إلى الثروة، فقط الحب وشخص أحبه".

"هل أنت متأكد؟" أراد كورين أن تؤكد له إميلي.

"بالطبع. قالت إميلي: "سأعيش معك وأموت معك".

أبلغ كورين وإيميلي قرارهما إلى مريم. أعادتهم مريم إلى الكنيسة بعد أن أعطت فستان زفاف لإيميلي، بدلة لكوريين، وخاتمين زفاف. أمام الكاهن، تبادلت إميلي وكورين الوعود، ووعد بالحب والإخلاص لبعضهما البعض. وبعد نطق النذور، تبادلوا خواتم

الزواج في الإصبع الرابع من يدهم اليسرى، معتقدين أن الإصبع البنصر به وريد يتجه مباشرة إلى القلب. ثم أعلن الكاهن إميلي وكورين زوجًا وزوجة.

"أعلنكما زوجا وزوجة."

وأخيراً باركهم الكاهن "باسم الآب والابن والروح القدس".

أعربت مريم عن رغبتها في تبني توما كونج، حيث لن تكون إيميلي وكورين ضحايا للنميمة والافتراء. لقد أحببت توما كونج حقًا وكانت على استعداد للاعتناء به مثل حفيدها، وتربيته ليصبح طبيبًا أو مهندسًا أو ضابطًا في IAS.

لم تستطع إميلي أن تتخيل عالماً بدون ابنها وزوجها.

أرادت مريم أن يكون لديها من تحبه في شيخوختها، لأنها سئمت من الوحدة التي تعيشها؛ ومع ذلك، فقد فهم حب إميلي لابنها.

حملت إميلي توما كونج بالقرب من قلبها عندما استقلوا القطار من كوتايام إلى ثلاسيري.

كانت رحلة إميلي الأولى إلى مالابار، وقد أحببت آيانكونو. رحب بارفاثي وجورج موكين بإميلي وتوما كونج وكورين بأيدي مفتوحة ونظموا حفلًا لجميع العاملين في مزرعتهم للترحيب بإميلي والطفل. ولم تتوقف بارفاثي عن الحديث مع إيميلي وأعربت عن سعادتها بلقائها وكونها جارة وصديقة.

أهدى جورج موكين وبارفاثي إميلي وتوما كونج وكورين نصف فدان من الأرض حول مأواهم.

بدأ كورين وإميلي حياتهما في مقصورتهما الصغيرة، ووعدهما بارفاثي وجورج موكين بمساعدتهما ماليًا في بناء منزل. أخبرتهم إميلي أنها بحاجة إلى العمل ولا تتوقع مساعدة مالية مباشرة. لكن لأنها لم تكمل دراستها في التدريس، لم تكن مؤهلة للحصول على وظيفة معلمة في مدرسة ابتدائية ولم تكمل دراستها الجامعية، مما جعلها غير مؤهلة لوظائف أخرى.

كانت إميلي على استعداد للقيام بأي عمل وكانت على استعداد للعمل في الإسطبل أو حظيرة الخنازير، لكن بارفاثي ثبطتها.

تقدمت إميلي لوظيفة كناسة في مدرسة أبرشيتها. كان الراتب يأتي من الحكومة، لكنها لم تستطع دفع رشوة كبيرة للأسقف الذي كان مدير المدرسة. أخبر جورج موكين إميلي أن هناك وظيفة شاغرة كناسة شوارع في مدرسة عامة على بعد ميل واحد من منزلها، وتقدمت إميلي بطلب للحصول على هذا المنصب. وفي غضون ثلاثة أشهر، تلقت إميلي أمر التعيين من مسؤول التعليم.

لم يكن القس سعيدًا بإميلي عندما قبلت وظيفة في المدرسة العامة. وأوضح للكاهن أنه كان من الصعب عليه دفع المكافأة للكنيسة. ومع ذلك، لم تكن هناك حاجة لدفع تكاليف أي سكن في المدرسة العامة، حيث كان معيار التعيين هو مؤهلاته.

عندما كان في الخامسة من عمره، بدأ توما كونج الالتحاق بالمدرسة التي تديرها الكنيسة، والتي كانت على بعد خمس دقائق فقط سيرًا على الأقدام من المنزل. تبرع جورج موكين بعشرة آلاف روبية للنائب للحصول على مكان في المدرسة. كان توما كونج طفلاً شمبانيا، وجيدًا في الدراسات والأنشطة اللامنهجية. مثل والدته، كان يتحدث المالايالامية والإنجليزية جيدًا. كان العديد من المعلمين يحسدونه.

كان توما كونج يحب ركوب الخيل وذراعيه حول رقبة كورين وساقيه حول خصره. أحب كورين أن يحمله أينما كان لديه الوقت. اعتادت إميلي أن تضحك بصوت عالٍ وهي تشاهد الأب والابن يركبان.

سافرت العائلة إلى كانور وثلاسيري، وأمضت ساعات طويلة على الشاطئ ولعبت رمي الكرات في الرمال كل ثلاثة أشهر. وفي المساء شاهدوا أفلام المالايالامية وهوليوود، وأقاموا في فندق وأحبوا تناول الطعام بالخارج.

سافروا مرتين إلى كوتايام وأقاموا في منزل مريم، التي لم تنس أبدًا تقديم حقيبة مليئة بالهدايا، بما في ذلك الملابس، إلى توما كونج وإميلي. لكن موت مريم المفاجئ وضع حدًا لرحلاته إلى كوتايام.

أحب توما كونج كلا من كورين وإيميلي. وكان ينتظر كل ليلة عودة والده بعد ساعات طويلة من العمل في حظيرة الخنازير. كان كورين يذهب مرتين في الأسبوع مع سائق إلى بنغالور وميسور وأماكن بعيدة أخرى في كارناتاكا، حيث كان يدير توزيع لحم الخنزير في العديد من المطاعم والفنادق. لم ينس أبدًا أن يحصل على هدايا لثوما كونج، وخاصة كتب العلوم والتكنولوجيا.

كان كورين أفضل صديق لثوما كونج، وكانت إميلي أخته. شاركها رغباته وتوقعاته، واستمعت إميلي بحماس. بعد وفاة كورين المفاجئة، تحدثت إميلي مع توما كونج عن عائلتها ووضعها المالي وخططها. في سن الثانية عشرة، شاركت إميلي معه خلفيتها، والتي احتفظت بسرها الحميم. احترمت إميلي توما كونج واعتقدت أنه في سن الثانية عشرة سيصبح شخصًا ناضجًا قادرًا على فهم المشكلات الإنسانية المعقدة. رافق توما كونج والدته في كل آلامها وهمومها.

أحب توما كونج مظهر إميلي. كان يتمتع بسحر غير عادي وكان يعتقد أن والدته جميلة. كان يحب تمشيط شعرها القصير الذي بدا داكنًا وجميلًا.

كانت إميلي عضوًا نشطًا في المجموعة النسائية في منطقتها. أعجبت النساء بقدرته على التحدث والتعبير عن أفكاره بلغة واضحة. زارت العديد من المنازل ووقفت بجانب النساء والفتيات لحل العديد من مشاكلهن، مثل إدمان أزواجهن للكحول والعنف الأسري، الذي كانت النساء ضحيته بشكل خاص.

بعد ظهر كل يوم أحد، كانت إيميلي تأخذ توما كونج إلى دار لرعاية المسنين في المدينة، على بعد حوالي اثني عشر كيلومترًا من منزلها. كان لدى إميلي دراجة ذات عجلتين وقادتها بسهولة. كان هناك

حوالي خمسة وستين نزيلاً في المصح، معظمهم من النساء الأرامل والمرفوضات. وكانت أعمار معظمهم تتراوح بين خمسة وستين وثمانين عامًا. اعتاد العديد من المتطوعين على زيارة المنزل للقيام بأعمال تطوعية. قامت إميلي بتنظيف وتطهير غرفة الطعام وغرف المعيشة وغرف النوم والحمامات. وفي بعض الأحيان كانت تغسل ملابس النزلاء في الغسالة، وتحميمهم، وتجفف أجسادهم بالمناشف. كان توما كونج دائمًا مع إميلي ويساعد والدته في العمل. لقد طور تقاربًا وحبًا لكبار السن وحاول فهم مشاعرهم، وخاصة الألم والقلق والحزن والأسى. كان يعلم أن النساء الأرامل يطردن من بيوتهن على يد أطفالهن، وبعضهن يعشن حياة بائسة في زوايا الشوارع. وقد تم احتجاز معظمهم في مؤسسات من قبل أقاربهم المقربين، وخاصة أطفالهم. استمع توما كونج إلى قصصهم بتعاطف. واجهت هؤلاء النساء عددًا لا بأس به من المشاكل: فقد عاشن بعد عمر أزواجهن، واستقر أطفالهن في الخارج، وبعضهن تنازلن عن جميع أصولهن لأطفالهن، على ثقة من أنهن سيعتنين بهن عندما يكبرن.

أثر القرب والقرابة مع المرفوضين على توما كونج عندما يتعلق الأمر بتطوير هدفه في الحياة، وهو الانفصال عن الذات. لقد شعر بأنه واحد مع جميع نزلاء المنزل؛ كانت قصصهم قصتهم، ووجعهم وجعهم، وأملهم أملهم، وفرحهم فرحهم. لقد نشأت رؤيته للهدف من حياة الإنسان من مجمل تجاربه مع الآخرين، ونما مثل شجرة بانيان، مما أعطى الظل للجميع. لقد تغلب على وجوده واحتضن مشاعر الآخرين، وطور نفس المسؤولية تجاه رفاهية الآخر، إذ لا فرق بينه وبين الآخر.

نسي توما كونج نفسه؛ تطورت مثل غيرها

برز إلهام إميلي من النمو العاطفي والنفسي لثوما كونج في كلماتها وأفعالها. لقد نشأ دون الأنا المهيمنة لتشكيل حياته ومستقبله. كانت إميلي مركز جاذبيته. لقد أبهرته محبته للآخرين وبساطته وشجاعته وانفتاحه.

تم انتخاب إميلي لعضوية مجلس الرعية المحلي كأحد ممثلات المرأة. وكانت ثلاث نساء وسبعة رجال جزءًا من مجلس الإدارة. أما المرأتان الأخريان فكانتا راهبات من الأديرة وعملتا كمعلمتين في مدرسة الرعية. لقد أظهرت الراهبات دائمًا التفوق، حيث أنهن خريجات وأساتذة. لقد عاملوا إميلي وكأنها امرأة لا يمكن المساس بها، وليس لها أي مكانة في المجتمع. لقد شعروا بالغيرة لأن إميلي كانت متحدثة أفضل ويمكنها نقل أفكارها بفعالية. لقد كانوا حسودين لأن إميلي كانت تعرف اللغة الإنجليزية بشكل أفضل ولم تكن خائفة؛ وأعرب عن آرائه علانية.

منع الكاهن النساء من التحدث في اجتماع مجلس الرعية، والتزمت الراهبات صمتًا عميقًا. في كل مرة أرادت إيميلي التحدث، كان الكاهن يذكرها أن الاجتماع مخصص للرجال وأن مهمة النساء هي الاستماع إلى الكاهن. أعربت إميلي عن خلافها مع الكاهن، وشيئًا فشيئًا أصبح من المعتاد أن يسخر الكاهن من إميلي قائلاً لها إنها لم تقرأ الكتاب المقدس لتعرف وضع المرأة في الكنيسة. اتفق معظم الرجال مع القس ووبخوا إميلي على سلوكها الحازم. قالوا أنه لا ينبغي للمرأة أن تتجرأ أمام الكاهن.

أخذ الكاهن الكتاب المقدس وقرأ رسالة القديس بولس الأولى إلى تيموثاوس:

"لا أسمح للمرأة أن تعلم الرجل ولا تتسلط عليه، بل عليها أن تصمت."

بعد قراءة المقطع، قال الكاهن إن المرأة لها فقط مكانة ثانوية في الكنيسة والمجتمع. كان عليهم أن يطيعوا الرجال، وخاصة الكاهن.

إميلي لم تقل أي شيء. لقد احتفظ بصمت مدروس.

وفي مناسبة أخرى، أرادت إميلي أن تتحدث عن فتيات الرعية اللاتي حرمن من التعليم الجامعي، لأن العديد من الآباء يفضلون التعليم العالي على أبنائهم. فطلب منه الكاهن أن يغلق فمه، قائلاً له

إنه كان ينبغي أن يصمت في عائلته وفي الكنيسة. لم يكن مسموحًا لها بالكلام، لكن كان عليها أن تكون خاضعة.

أخبرت إميلي الكاهن أنها لا تزال في العصور الوسطى. لقد تغير العالم بشكل جذري لعدة قرون، وحققت النساء اسمًا وشهرة. وعلاوة على ذلك، لا يمكن لأي ثقافة أو حضارة أن تستمر دون مشاركة المرأة.

قام الكاهن بحركة عنيفة وصرخ في وجه إميلي. الراهبتان وجميع الرجال تقريبًا دعموا القس في إساءة معاملة إميلي. لكن إميلي أخبرت القس أنه كان أسوأ كاره للنساء رأته على الإطلاق. فغضب الكاهن وطرد إميلي من مجلس الرعية. وفي الاجتماع التالي تم انتخاب راهبة أخرى للجنة.

لم تتأثر إميلي، وناقشت كل شيء مع كورين، الذي أخبرها أنهم يستطيعون العيش بدون الكنيسة وبدون الله. وعلى الرغم من أن كلاهما كان لهما تأثير كبير على حياة الإنسان، إلا أنه كان من السهل العيش بدونهما إذا اختاروا رفضهما. إنه يعتبر الدين والله ذرية أسطورية وخرافية وقمعية وأبوية وشريرًا للعملية التطورية للثقافة. لقد خلق الذكور الدين للذكور، لقمع النساء وإبقائهن في العبودية والاستيلاء الجنسي. ويظهر التاريخ أن الرجال استخدموا الدين كسلاح لقمع الأصوات المعقولة والتقدم الاجتماعي والديمقراطية. كان الدين دائمًا ضد الديمقراطية والتنوير. استمعت إميلي إلى كورين باهتمام، لأن زوجها فهم الرغبة في الحرية والمساواة للمرأة، وخاصة زوجته. وكان معها كالصخرة في شدائدها.

أحبت إميلي وكورين صحبة بعضهما البعض وقدراها، وتعلم توما كونج دروسًا أساسية في المودة منهم. وكان حضورهم يغنيه، وكان يراقبهم بعناية في أقوالهم وأفعالهم. لقد كانوا دائما مصدر إلهام له.

على غرار والدته وأبيه، طور توما كونج فلسفة حياة تتجاوز الأنانية. كان لكل شخص مكان للعيش بكرامة، حيث كان يحب مشاركة هدايا والديه، جورج موكين وبارفاثي، مع الطلاب الآخرين في مدرسته. منذ أن كان طفلاً، كان يفهم أن الآخرين أيضًا لديهم الألم والحزن

والقلق والحزن، وأنهم يمكن أن يؤثروا سلبًا على حياة الجميع، وكان من واجبه مساعدتهم على تقدير حياتهم. لقد رفض الكذب وامتنع عن التسبب في الألم للآخرين. كان لدى الطلاب الآخرين نفس الرغبة مثله، نفس المشاعر التي كان يحتفظ بها في قلبه وهموم مماثلة كان يحملها في داخله. ولاحظ أن جميع الأولاد والبنات تقريبًا يتصرفون بتعاطف ومراعاة حتى الصف الرابع. بمجرد دخولهم الصف الخامس أو بلوغهم سن العاشرة، فقدوا تدريجيًا التعاطف والاتزان. كانت لدى توما كونج رغبة في البقاء كما كان، وممارسة ما تعلمه من والديه والقيم التي غرسوها فيه. لكنها خلقت توترات وصراعات في حياته، إذ كان الآخرون ينظرون إليه بعين الشك، ويطلقون عليه تعليقات خبيثة، وأحياناً يجعلونه ضحية لمخططات شريرة.

وإذا كان يسافر مع والديه أو وحده كان يهذب أصحابه؛ في بعض الأحيان أسيء فهم سلوكه. لقد تعلم ألا يكون لطيفًا جدًا مع الآخرين، وخاصة الغرباء. في رحلته الأولى من مطار كاليكوت إلى كوتشي، شعر توما كونج بالرعب عندما رأى الركاب يتدافعون ويضربون بعضهم البعض باتجاه مدخل الطائرة. ولوحظ نفس السلوك أثناء النزول الذي شهده في المدن والأسواق الكبيرة. كان السلوك البشري الأساسي هو نفسه في جميع المواقف ولا يمكن تغييره حيث يتصرف البشر مثل الحيوانات في الظروف القاسية. علم توما كونج أنه لا فرق بين تصرفات المتعلمين والأقوياء والأغنياء وذوي النفوذ وتصرفات الأميين والضعفاء والفقراء وفاقدي النفوذ، عندما قرأ قصة ضحايا تحطم الطائرة في جبال الأنديز. ونجا بعض الركاب حتى وصول فرق البحث، ولجأوا إلى أكل لحوم البشر.

لم يتمكن توما كونج من الاتفاق مع أولئك الذين أيدوا موقف الكابتن دودلي، من سفينة ميجنونيت، الذي قتل مع اثنين من بحارته وأكلوا ريتشارد باركر، صبي المقصورة. لقد تحطمت سفينتهم في جنوب المحيط الأطلسي وظلوا بدون طعام لمدة تسعة عشر يومًا. كان قتل وأكل فتى المقصورة هو خياره الوحيد. تحدث توما كونج عن طبيعة القوانين التي تحكم الحياة الجماعية للناس. لقد طور نظامًا من القيم التي بموجبها يجب أن تلهم الواجبات والحقوق المحددة الاحترام في

المجتمع لأسباب مستقلة عن العواقب الاجتماعية. كان الناس أنانيين من الناحية البيولوجية ويتصرفون لمصلحتهم الخاصة، مثل أي حيوان آخر، لكن توما كونج أراد أن يكون مختلفًا؛ أردت أن أعيش بلا أنانية، وأحترم مشاعر الآخرين.

أصبح توما كونج وحيدًا وصامتًا، ويواجه الأفعال الشريرة في كل مكان، وخاصة في المدرسة. أصبح أصدقاؤه أكثر وعيًا بذواتهم، وأصبحوا مهتمين بالنمو الشخصي، وبالتالي التقليل من شأن الآخرين. شجع معظم المعلمين الفردية والإنجاز الشخصي؛ كان توما كونج يتألم. عندما تم اختياره للمشاركة في موكب يوم الجمهورية، كان جميع أصدقائه تقريبًا يثرثرون ضده بدلاً من الثناء عليه وتشجيعه. وفجأة، أصبح هدفًا لحسدهم، لكن توما كونج لم يأخذ منهم شيئًا أبدًا، ولم يتحدث عنهم بالسوء، ولم يؤذيهم.

رأى فجوة كبيرة بينه وبين أصدقائه يصعب سدها.

وتساءل البعض: "إنه ابن كناس الشوارع، كيف يمكن أن يختاروه؟". بالنسبة لهم، كان معيار الاختيار هو الوضع والأصل الاجتماعي والظروف الاقتصادية للوالدين.

وعلق بعض المعلمين أيضًا: "كان والده الراحل يعمل في مزرعة للخنازير ويشارك في موكب يوم الجمهورية".

شعر توما كونج بالأسف على معلميه. كانت نظرته للإنسانية هزيلة، وضيقة الأفق، وأنظمة القيم مهينة، وتفتقر إلى حب الذات.

كان معيار قياس القدرة البشرية والإنسانية مختلفًا. ولم ينظر المعلمون والطلاب إلى ذلك باعتباره إنجازًا جماعيًا، أو سببًا مشتركًا للاحتفال والسعادة. وبدلا من ذلك، زرعوا الكراهية والغيرة. لم يأخذ توما كونج أي شيء مما أُعطي لآخر؛ كان اختياره للمشاركة في موكب يوم الجمهورية مبنيًا على اختيارات واضحة ومحددة وآمنة، وقد امتثل لتلك الإجراءات. ومع ذلك، لم يعتقد توما كونج أنه يتمتع بقدر أكبر من الجدارة، إذ لا ينبغي أن تكون الجدارة مبدأً في

الاختيار لأنها كانت نتيجة لخلفية اجتماعية ونفسية معينة ربما لم يتلقاها الآخرون. ولذلك فإن الجهد لم يكن سببا للجدارة.

لكن توما كونج واجه الرفض من أصدقائه بسبب أصله ومزاياه؛ وكلاهما ليس من خلقه، وأراد أن يندد بهما. كانت حياته تجربة ليكون مختلفا؛ لقد كان يتوق إلى تصور مختلف للحياة ولاحظ الأحداث من خلال منظور غير مهتم بالحياة. لم يعلمه أحد كيف يفعل ذلك، لكنه كان تنويرًا ووعيًا جديدًا، وكان الهدف عدم إيذاء أحد. لم يكن يريد أن يكذب أو يدافع عن نفسه، بل أراد أن يبقى صامتاً. لقد شكله فقدان والده في عملية التطور الجديدة هذه. لقد وضع نفسه مكان الآخرين، ولم يعرف الآخرون كيف يرونه كرجل غير أناني، أو لم يعرفوا كيف يكون غير أناني وغير متمركز حول ذاته.

لقد كان صراعًا من أجل توما كونج، مثل صراع إيميلي مع القس. كان الأمر مؤلمًا ويصعب نسيانه، إذ كانت النفس تحتاج إلى تدريب مستمر. ولاحظ الآخرين، وعلم أن لكل فرد هدفًا في الحياة ويسعى جاهداً لتحقيقه. كان لدى الجميع قصص حزينة وسعيدة. لقد كانت مؤلمة أو ثمينة مثله.

كان العمل مع والدتها إميلي في دار التمريض بمثابة حالة من الذعر. لقد غير رأيه وقلبه وطريقة حياته. بدأ يرى الآخرين فيه ونفسه في الآخرين. ولكن بمجرد أن غضب من زميل له، تغير حياته بشكل جذري. لم يكن ينوي أبدًا ضرب Appu؛ ومع ذلك، حدث ذلك. وكانت له أحزان مؤلمة. ولم يكن كافياً بذل كل الجهود لتحقيق التعايش السلمي؛ يمكن أن يظهر الأعداء من العدم. لقد حدث ذلك لإميلي أيضًا.

لم يحب القس أن تطرح إميلي الأسئلة في اجتماع مجلس الرعية. ورغم أنه أبعدها عن المجلس إلا أنه كان يحمل ضغينة ضدها. وكلما أتيحت له الفرصة، حاول إذلالها علناً. لكن إميلي عرفت كيف تتحدث بمنطق وتواضع، وتكشف غطرسة الكاهن وجهله. كان الكاهن يفكر في إحراجها في عظته يوم الأحد عندما لم تتح لها الفرصة للتحدث. عرف القس أن إميلي كانت حاضرة بشكل منتظم

في قداس الأحد وخطط لتأديبها أثناء خطبته. كانت خطبه يوم الأحد بشكل رئيسي من الأناجيل ورسائل الرسل، وفي العديد من أيام الآحاد كان يبحث عن اقتباس من القديس بولس.

في ذلك الأحد، كانت القراءة من الفصل الحادي عشر من الرسالة الأولى إلى أهل كورنثوس، وكانت عظته عن تلك القراءة. وبصوت واضح كرر ما قرأه.

"الإنسان هو مجد الله، ولذلك لا ينبغي أن يغطي رأسه. "المرأة هي مجد الرجل." ثم نظر إلى المؤمنين المجتمعين في الكنيسة، وعيناه تبحثان عن إميلي مثل نسر أصلع شرس يصطاد أرنبًا. كانت تجلس في الصف الثاني من المقاعد. ولم يغط رأسه قط في الكنيسة، وكان يترك شعره القصير مكشوفًا.

وكأنه يخاطب المصلين، يتابع خطبته: "يجب على المرأة أن تغطي رأسها".

وكانت إميلي المرأة الوحيدة التي رفضت تغطية رأسها في الكنيسة، وفهمت أن القس كان يقصدها. نظر النساء والرجال إلى إميلي بفضول شديد، وبدأ البعض في القيل والقال. كان الكاهن سعيدًا لأن إميلي والمصلين فهموا المعنى العميق لما كان يقوله.

مرة أخرى، نظر الكاهن إلى إيميلي، وقال:

"من العار على الزوجة أن تقص شعرها."

وبعد بضع ثوان من الصمت، تحدث الكاهن مرة أخرى:

"إذا كان الزوج يفتقر إلى النعمة، فإن ما تفعله الزوجة هو مجدها".

وكان الكاهن يخاطب زوجها المتوفى. لم يكن كورين مؤمنًا ولم يحضر أبدًا قداسًا في الكنيسة. وكان من غير الدين أن يتكلم الكاهن بالسوء عن شخص لم يعد موجودًا، وفوق ذلك وهو واقف على المنبر. ليس للعمل الشرير حدود، ويمكن أن يصبح الكاهن مزعجًا للغاية بمجرد حصوله على سلطة غير محدودة، ولا يستطيع الجمهور الرد ويُمنع من الرد. كان لدى كورين قلب من ذهب وكان

نبيلاً أمام الكاهن. احترق قلب إميلي وغلي دمها. لكن المجتمع منعه من الرد، لأن الكنيسة مكان مقدس، يحول فيه الكاهن الخبز والخمر إلى جسد المسيح ودمه، تخليدا لذكرى العشاء الأخير والصلب. ولا ينبغي للكاهن أن يتحدث بالسوء عن رجل ميت وعن مظهر زوجته الجسدي. كانت تسريحة الشعر اختياراً شخصياً للمرأة، وتعبيراً عن حريتها ومساواتها؛ لم يكن لأي كاهن أو كنيسة القدرة على إنكاره أو التحدث عنه بالسوء.

لم يكن لدى كورين أي اعتراض على قص إميلي شعرها. كان سعيدًا بتصفيفة شعرها وكان يشجعها دائمًا على أن تكون امرأة حرة حسب احتياجاتها واختياراتها. وبينما كانت تنظر إلى الكاهن، أرادت إيميلي أن تصرخ: "أغلقي فمك القذر، لا تتحدثي بالسوء عن النساء"، لكنها سيطرت على نفسها. في القرن الأول، كتب رجل مجنون من طرسوس، وهو يوناني متعصب ومتحيز جنسيًا، رسائل حمقاء إلى أهل كورنثوس. لقد أراد السيطرة على النساء التقدميات اللاتي كن دائمًا متقدمات بخطوة على أزواجهن. كان اسمه بولس وادعى أنه تلميذ ليسوع، رغم أنه لم يلتق به قط. لكن بولس حول يسوع إلى المسيح، كائن خيالي، مزيج من الإنسان والله، ابن الله الذي لا جنس له.

كان بولس مهرجًا، ومضطهدًا، وأصوليًا، وكان لديه خبرة في إخضاع صديقات يسوع، اللاتي سارن دائمًا مع يسوع واستمعن إلى أمثاله. وكانوا معه عندما خانه تلميذه يهوذا الإسخريوطي. رجل آخر، بطرس، هرب من يسوع عندما أُخذ إلى الجلجثة. ولما صلبه الرومان كان معه أصدقاؤه. اختفى جميع الرجال، باستثناء خوان، واختبأوا في الظلام لإنقاذ أنفسهم. أمضت مريم المجدلية ثلاث ليال عند قبره، وعندما قام، كانت أول من رآه. فذهلت من الفرح والسعادة ودعت اسمه "سيدي" وهو مصطلح يستخدم في العبرية والآرامية للإشارة إلى زوجها.

أراد تلاميذ يسوع الذكور أن ينكرون مريم المجدلية، زوجها. لقد حاولوا سرقتها ومنصبها وخصوصيتها ووصفوها بالعاهرة. حرم

تلاميذ يسوع الذكور النساء من مكانتهن الصحيحة في الكنيسة. واعتقدت إميلي أن الكاهن فعل الشيء نفسه. وحتى بعد عشرين قرنًا، استمرت الكنيسة في العيش في هذا الإنكار. أردت أن أكون منظمة من كارهي النساء. نهضت إميلي من مقعدها. نظر حوله؛ نظرت الجماعة بأكملها إليها.

"أنا أشعر بالخجل من النائب. كلماته ليست من يسوع؛ يسيء استخدام المنبر ليتكلم بالسوء عن الأرملة؛ أعترض على كلامك المسيئ عن زوجي الراحل. وعلى الرغم من أنه كان ملحدًا، إلا أنه لم يؤذي أحدًا ولم يتحدث بالسوء عن الآخرين. قالت إميلي بهدوء وغادرت: "إذا كان رجل الدين يؤمن بالله، فعليه أن يجيب عليه".

كان هناك صمت ميت في الكنيسة. فنظر المؤمنون إلى الكاهن بعدم تصديق، ولم يفهم أحد ما يقوله الواعظ في بقية العظة.

خلقت خطبة الأحد جدالات وتوترات وصراعات لا نهاية لها بين أبناء الرعية استمرت لعدة أشهر. لقد قسم المؤمنين إلى ثلاث مجموعات واضحة: أولئك الذين يؤيدون الكاهن، وهم الأغلبية الأكبر. كانوا يخافون من الكاهن والأسقف، يخافون من لعنة الكاهن ورفض المعمودية ومراسم الزواج والدفن في مقابر الكنيسة. للحصول على وظيفة في المدارس والكليات والمستشفيات والمؤسسات الأخرى التي تديرها الكنيسة، حتى لو اضطر أبناء الرعية إلى دفع رشاوى، فإنهم كانوا بحاجة إلى دعم وتوصية الكهنة والأسقف. واتخذ البعض موقفا محايدا. ولم يكن إيذاء المرأة أثناء الخطبة مشكلة؛ لقد كانوا أنانيين. اعترضت أقلية صغيرة بشدة على لغة القس المسيئة خلال خطابه يوم الأحد. لم يدعموا إيميلي بشكل صريح، بل عارضوا كلمات الكاهن التي لا معنى لها ضد امرأة وزوجها الراحل. لم يكن هناك سوى نصف دزينة من أبناء الرعية، وقد جعلوا أصواتهم مسموعة.

وبعد ستة أشهر، تلقت إميلي رسالة من الأسقف يخبرها فيها أنه يريد رؤيتها في أسقفية المدينة. بعد وفاة كورين، لم تسافر إميلي إلى القرية ولو مرة واحدة؛ ولم يكن هناك أحد لمرافقتها. لم تكن تريد أن

تفوت يومًا دراسيًا أو تطلب من Thoma Kunj تخطي الفصل للذهاب معها. وبعد شهر، أبلغ الأسقف إميلي عن استيائه من خلال الكاهن. أرسل رسالة إلى الكاهن ليقرأها خلال خطبة الأحد. وشدد الأسقف في رسالته على أنه لا يجوز لأي أبناء الرعية أن يتكلموا داخل الكنيسة دون إذن من الكاهن. لم يكن الجدال مع الكاهن أو طرح أسئلة مضادة أثناء العظة أو بعدها مقبولاً، وإذا تجرأ أي شخص على القيام بذلك، فقد يواجه الحرمان الكنسي. وكانت رسالة الأسقف بمثابة تحذير قوي وشديد للمؤمنين. ومن الملائم أنه ظل صامتًا بشأن خطأ القس في إساءة معاملة إميلي خلال خطابه يوم الأحد.

أعطت رسالة الأسقف الكاهن نشاطًا جديدًا، وترخيصًا للإساءة إلى أي شخص، حتى أثناء خدمة الأحد. كان يبتهج بحريته وسلطته ويشتاق إلى فرصة لإثبات ذلك مع إميلي. كان يعلم أن الكثيرين لم يدعموا الأرملة علناً، خوفاً من القيل والقال. وكان الكاهن يتدرب على إلقاء كلمته عدة مرات، خاصة في الحمام. ظهر وجه إميلي أمامه مرارًا وتكرارًا بينما كان التقدير الخفي لمظهرها وتقديرها لذاتها يملأ قلبه. لقد بدأ بوعي التخيلات الجنسية عنها واحتضنها ومارس الحب. لكنه غالبًا ما كان يشعر باليأس لعدم قدرته على تلبية رغباته، وظلت إيميلي هدفًا لإساءته العقلية. لقد طغت عليه رغبات الكاهن المثيرة وأغرقته في جحيم من الألم والإحباط والكراهية. وفي كل مرة يقترب من المنبر، تفحص عيناه المصلين بحثًا عن إميلي.

لم تحضر إميلي الكنيسة لعدة أسابيع. كان اعتراضه هو الاستماع إلى أحد دعاة الكراهية. كان يوم الأحد، الذكرى السنوية الثانية لوفاة كورين، وفكرت إميلي في الذهاب إلى الكنيسة؛ وكالعادة امتلأت الكنيسة بالمؤمنين. وكانت إميلي المرأة الوحيدة التي لم تغطي رأسها؛ كان قرارهم مبنيًا على رفض القيم المفروضة، والتمرد على تعاليم بولس، وإجبار النساء على العبودية للرجال. وكانت أيضًا ثورة ضد الكنيسة والأسقف والكهنة الذين بشروا باضطهاد النساء واستخدامهن كمجرد أدوات جنسية.

أما القراءة الثانية فكانت من إنجيل يوحنا: "أنا هو نور العالم. "من يتبعني لا يمشي في الظلمة، بل يكون له نور الحياة". ثم بدأ الكاهن العظة بناءً على القراءة الأولى لرسالة بولس، متجاهلاً الإنجيل: "لم يصنع جسدكم للزنى، بل للرب، والرب للجسد".

توقف الكاهن لمدة دقيقة ونظر حول المصلين، وفحص وجوهًا معينة. رأى إيميلي في الصف الأوسط، وكانت تستمع بانتباه إلى كلماته. ثم قرأ اقتباسًا آخر من بولس: "كل من انضم إلى الزانية يتحد بجسدها". فكرت إميلي في عدم أهمية المقطع في هذا السياق المحدد، لأن قراءة الإنجيل كانت تتحدث عن يسوع باعتباره نورًا ويتبعه في نوره. بينما كانت الخطبة عن الدعارة.

كان هناك توقف طويل ونظر الكاهن إلى إميلي مرة أخرى. ثم قال بصوت عالٍ: "نحن نرفض أن تكون بيننا عاهرة". فشعر المؤمنون بالذهول ونظروا إلى بعضهم البعض.

"جسدك هو هيكل للروح القدس. قال: "أكرم الله بأجسادك"، وهو ينظر إلى أبناء الرعية ويتحقق من نطاق المشاعر على وجوههم. "أيها الناس الأعزاء، هناك فيشيا بيننا. إنها وصمة عار سوداء على رعيتنا. لا ينبغي أن يكون معنا vesya. وشدد الواعظ على الكلمة المالايالامية "veshya" للإشارة إلى عاهرة.

"أطلب من veshya مغادرة الكنيسة،" رعد الكاهن وهو ينظر إلى إميلي.

شعرت إيميلي بقشعريرة تسري في جسدها. اتهم الكاهن إميلي بالاعتداء الجنسي وأهانها أمام أبناء رعية الكنيسة خلال قداس الأحد.

"أنا لست فيشيا؛ أنت تتهمني زوراً،" وقفت إيميلي من مقعدها وزأرت. تردد صدى صوتها عبر جدران الكنيسة ونظر إليها أبناء الرعية بعدم تصديق.

ثم غادرت إميلي الكنيسة. لم يبكي، لكن قلبه كان على وشك الانفجار. أمام الصليب العملاق أمام الكنيسة، مثل ستونهنج منعزل

من عصور ما قبل التاريخ، حدقت إميلي في جسد الضحية العاري لمدة دقيقة.

تمتم: "أنا وأنت فقط لسنا داخل الكنيسة".

بقي يسوع صامتا.

وسأل المخلص المصلوب: "لماذا نكون في الداخل، في جحيم الكراهية والمذلة؟"

سمعت كما لو كان يسوع يدعوها: "من الأفضل أن تكوني هنا يا إميلي معلقة".

قال وهو يبتعد: "من الأفضل أن أكون معك وأحتضنك".

كان الطريق خاليا.

كان توما كونج يستعد لحضور الكنيسة لتلقي دروس التعليم المسيحي وتكوين الإيمان للأطفال الكاثوليك. في فصول التعليم المسيحي، كانت الدروس الرئيسية تدور حول العهد الجديد، وقصة الثالوث، وولادة وموت يسوع، والكنيسة، والعقيدة، والصلوات، والأسرار المقدسة، والأخلاق. كان للنائب الكلمة الأخيرة في صف التعليم المسيحي.

وتساءل: "لماذا عادت أمي بهذه السرعة؟"

" أمي ماذا حدث لك؟ ألست بخير؟" سأل.

"لا شيء" أجابت ودخلت.

كانت إميلي شخصًا متغيرًا. لقد فقد الاهتمام بالحياة. لقد تغيب عن المدرسة لمدة أسبوعين، وهو أمر غير عادي. وبدا أنه يحاول حل لغز ليس له حل، إذ لم يستطع أن يستوعب الإهانة داخل الكنيسة أثناء خطبة كان يحضرها جميع أبناء الرعية تقريبًا. أطلق عليها الواعظ اسم "فيشيا"، وهي الكلمة الأكثر خجلًا في أي لغة، وهي افتراء ونكتة قاسية. شكك الكاهن في شخصية وسلوك وكرامة الأرملة والأم وعضو الكنيسة. أرادت إميلي البكاء لأيام متتالية. كيف

يساعدها البكاء، ويغسل حقد الكاهن، وفرصة لتنفجر الأحزان والجراح كالبركان. لقد حاول البكاء والصراخ مرارًا وتكرارًا، مشتاقًا أن يقول للنائب أن ما فعله كان خطأً، ضد روح يسوع الذي عبّر عنه طوال حياته.

أدى تدني احترام الذات إلى قمع إميلي وجعلها تشعر بالرفض، كما لو أن لا أحد يحبها. لقد كان شعورًا بعدم القيمة، مثل كلب ضال يتجول في الزوايا بحثًا عن الرحمة. كان عقله يسافر بلا هدف مثل عقل المتجول، بلا هدف في الحياة، رحلة بلا اتجاه. شعرت بالرغبة في القيء بشكل متكرر ولم أستطع الأكل أو الشرب. لقد اجتاح الاشمئزاز والألم داخله. فتح عينيه على نطاق واسع، واستكشف المواقف الرهيبة كما لو كان يريد سحقها، ورميها بالكامل في وديان لا يمكن فهمها، ونظر إلى الفضاء.

لقد كانت إهانة لها، إهانة لوجودها، لشخصها، لمشاعرها، لرغباتها، لأملها، لعائلتها، لحياتها. القلق الذي نشأ من تلك الإهانة أضر بعقله وقلبه. ورفض التحدث حتى إلى توما كونج الذي توسل إليه أن يخبره بما حدث له. عانق توما كونج والدته وأخبرها أنه يحبها وأنه يهتم بها وأنه يعيش من أجلها فقط. نظرت إميلي إلى ابنها في صمت للحظة طويلة. ولكن كان لديه نظرة ضائعة.

وقالت: "مون، لا أستطيع أن أتحمل الأمر بعد الآن".

فسألها: "أخبريني ماذا حدث لك".

فأجابت: "لقد أهانني الكاهن أثناء الخطبة".

"أمي، أنا معك، سأطلب منه أن يعتذر"، حاول مواساتها.

"لقد دعاني بـ veshya أمام الجماعة كلها. قالت إميلي: "لقد دمر احترامي لذاتي وكرامتي كإنسانة".

"أمي، سأواجه القس وأجعله يعتذر. عليه أن يزورك هنا في منزلنا ويطلب منك المغفرة. قال توما كونج: "سأحرص على أن يفعل ذلك".

فأجابت: "لا أريد أن أرى وجهه".

وأصر قائلاً: "ثم سأطلب منك التعبير عن توبتك أمام الجماعة يوم الأحد".

ركض توما كونج نحو الكنيسة.

كان الكاهن يمشي بخفة على الأرض بالقرب من مسكنه في شمس المساء مع كاهن آخر. استجمع توما كونج شجاعته وأخبر القس أن إهانة والدته أثناء خطبته يوم الأحد أمر خاطئ وأنه يجب عليه التعبير عن أسفه للمصلين أثناء قداس الأحد. ضحك عليه الكاهن وأخبره أن والدته كانت فيشيا، حيث ولد توما كونج قبل زواجه من كورين. وأخبرها توما كونج أن ما قالته كان مسيئًا وتشويهًا لسمعة امرأة. لم يكن من شأنه أن يقرأ قصة والدته لأبناء الرعية. علاوة على ذلك، أخبرته والدته عن ولادته. ذكّر الكاهن توما كونج بغضب أنه ولد من الخطيئة. نظر توما كونج إلى الكاهن لمدة دقيقة وطلب منه أن يقرأ الإنجيل عن ميلاد يسوع، لأنه وُلد أيضًا بدون أب؛ كانت ماريا عازبة. عند سماع توما كونج، غضب الكاهن وصرخ في وجهه قائلاً إن ميلاد يسوع كان لغزًا، وهبة من الله للبشرية. كان يسوع ابن الله وولد من الروح القدس. ظلت مريم عذراء قبل وبعد ولادة يسوع.

أجاب توما كونج: "هذا هو اعتقادك، وليس اعتقادي".

صاح القس في وجه توما كونج: "بودا باتي".

كان توما كونج ملعونًا، وسيعاقبه الله على هذا التجديف الذي لا يغتفر، واصل الكاهن الصراخ.

ركض توما كونج إلى جورج موكن وأخبره بما حدث لوالدته ومواجهته مع القس. قال جورج موكين إنه وبارفاثي لم يذهبا إلى الكنيسة يوم الأحد السابق لأنهما كانا في بنغالورو مع ابنتهما أنوباما.

التقى جورج موكين على الفور بالكاهن وأخبره أن تصرفاته كانت خاطئة وأنه يجب عليه الاعتذار. لقد شرح له الموعظة على الجبل

حتى يتعلم من يسوع. ضحك القس على جورج موكن وطلب منه أن يهتم بشؤونه الخاصة. وذكّر موكين رجل الدين بأن المحبة والرحمة هما القيمتان الأساسيتان للحياة المسيحية، لكنه يفتقر إليهما.

ذهب بارفاثي وجورج موكين لرؤية إميلي. عانقت بارفاثي صديقتها وأخبرتها أنها كانت بعيدة مع ابنتها لمدة أسبوع ولم تكن تعلم بمتاعب إميلي. وأكدت لإميلي أنها ستكون معها وستدعمها، فهي تعتبرها أفضل صديق لها.

قامت بارفاثي بزيارة إميلي يوميًا وقضت معها ساعات طويلة، وقدمت لها الدعم والرعاية العاطفية والنفسية. لاحظت بارفاثي انسحابًا اجتماعيًا مستمرًا في أنشطة إميلي. كان لديه موانع في التحدث مع الآخرين وكان يخشى مشاركة مخاوفه.

لاحظ توما كونج تقلبات مزاجية مستمرة في إميلي، فضلاً عن عدم الاهتمام بالنظافة الشخصية والمظهر. كان سلوك والدته المتهور على غير العادة، والنظام الغذائي السيئ، وفقدان الوزن السريع، والصمت المطول يقلقه. وظهرت في والدته تقلبات مزاجية سريعة وعلامات الحزن والقلق والغضب والشفقة على الذات. كان مظهره مثيرًا للشفقة، حيث تدلت الجفون بشكل كبير، وأصبحت العضلات مترهلة، وتدلى الرأس، وانخفضت الشفتان، وانخفضت الخدين والفك إلى الأسفل، وانقبض الصدر.

تدلت زوايا فم إيميلي إلى الأسفل، وبقيت بلا حراك وسلبية لعدة أيام. ناقشت توما كونج المشكلة مع بارفاثي، واقترحت أن إميلي قد تحتاج إلى علاج نفسي لاستعادة نفسها القديمة والتغلب على مشاعر الإهانة العميقة. بموافقة توما كونج، أرادت بارفاثي أن تأخذ إميلي إلى بنغالور لتلقي العلاج النفسي لمدة شهر.

ظلت إميلي صامتة لعدة أيام وكانت مشغولة بتقشير جوز الهند. تساءل توما كونج عن سبب هدوء والدته على غير العادة. كان يدرك أن شيئًا ما يحترق بداخله، لكنه لم يستطع استيعاب فداحة البركان. جلس توما كونج بجانب والدته وأقنعها بالتحدث. نظرت إليه إميلي وكانت عيناها جافتين. لقد فقدوا بريقهم وبريقهم وإشراقهم وبريقهم.

قامت بارفاتي بالتحضيرات للذهاب إلى بنغالور مع إميلي يوم الأحد التالي. لقد اتصلت بمجموعة من المعالجين النفسيين في مركز استشاري لمساعدة إميلي على استعادة رباطة جأشها وشخصيتها المعتادة. وبذلك يمكنك التركيز وزيادة قوة إرادتك لمواجهة المشكلات العاطفية والنفسية والاجتماعية والقضاء عليها. وكان الهدف هو تقوية العقل وتوسيع وعيها حتى تتمكن إميلي من استخدام إمكاناتها العقلية الكاملة، الأمر الذي من شأنه أن يحقق لها الرضا العاطفي والرفاهية الاجتماعية. ستبقى بارفاتي مع إميلي طوال الجلسة حتى تتعافى تمامًا من مشكلتها.

كانت السماء تمطر في الصباح الباكر. كالعادة، جاء السيكستون إلى الكنيسة ليقرع الجرس في الساعة السادسة ويستعد لخدمة الأحد؛ كان برج الجرس على الجانب الأيمن من الكنيسة. ورأى قطعة قماش بيضاء طويلة معلقة على الصليب. كان يعتقد أن قطعة قماش بيضاء من أبراج الجرس ربما سقطت في مهب الريح. اقترب من أسفل الصليب ونظر إلى الأعلى.

"يسوع،" شهق.

لقد كانت امرأة معلقة على الصليب تعانق يسوع العاري. كان ساريها الأبيض قد سقط، وتمزقت بلوزتها، وظهر كتفيها، وكانت شبه عارية.

ركض السيكستون إلى برج الجرس وقرع الجرس دون توقف. أول من وصل كانت راهبات الأديرة المجاورة. ركض الناس من الحي إلى الكنيسة ليروا ما حدث، وفي غضون عشر دقائق، كان هناك حشد كبير. ثم ظهر الكاهن.

ركض شخص ما إلى مركز الشرطة واتصل آخرون بالشرطة بهواتفهم المحمولة.

سقط صمت عميق على الحشد لبعض الوقت. لا أحد يستطيع أن يصدق عيونهم. ثم، شيئاً فشيئاً، بدأت الهمسات والثرثرة والأحاديث الصاخبة. كان هناك فضول لمعرفة من هو الشخص واسمه.

وسرعان ما ظهرت سيارة الشرطة، وأضواءها مضاءة. فأمر الضابط عملاءه بإنزال الجثة عن الصليب. استخدمت الشرطة سلمًا للتسلق. كان توما كونج يراقبهم بفارغ الصبر، لأنه لم يتمكن من تحديد مكان الأم عندما نهضت. لقد كان يبحث عنها في جميع أنحاء المنزل. وبينما كان يركض إلى الكنيسة، بحث عنها في الطريق. كان الساري الموجود على الصليب يشبه ساري والدتها. عانقت بارفاثي توما كونج بينما كانت تقف بالقرب منه.

أنزلت الشرطة الجثة ووضعتها على المنصة التي كان عليها الصليب.

"إنها إميلي،" صاح أحد الحشد.

"إميلي، إميلي، إميلي،" انتشر الاسم كالنار في الهشيم.

انهار توما كونج. حمله جورج موكين ووضعه في سيارته.

وبعد التشريح أعيدت الجثة في اليوم الثالث. منذ أن كان توما كونج في الرابعة عشرة من عمره فقط، قام جورج موكين بتوقيع الأوراق في مكتب الطبيب الشرعي وفي مركز الشرطة. ورفض النائب تخصيص قبر للمتوفى في المقبرة، مشيرًا إلى اللائحة التي بموجبها لا يمكن دفن جثة الضحية الانتحارية في مكان مقدس.

قال القس لجورج موكين: "لقد كانت آثمة، وقد تضاعفت خطاياها بانتحارها".

توسل جورج موكين إلى الكاهن أن يرحم أرملة لم تعد موجودة. طلب منه الكاهن أن ينضم إليه في غرفته، وفهم موكين معنى كلامه. عاد إلى المنزل وأخذ خمس حزم من الأوراق النقدية بقيمة ألف روبية وانضم إلى القس في غرفته. قبل الساعة السادسة مساءً، سمح الكاهن لجورج موكين بدفن إميلي في ثيمادي كوزي، وهي زاوية المقبرة التي دُفن فيها الخطاة.

وحضر الجنازة توما كونج وبارفاثي وجورج موكين وبعض المزارعين. ولم تكن هناك صلاة على الموتى. أشرف سيكستون

على الجنازة. وكان الجسد في تابوت أسود. بعد تقبيل جبين والدته، غطى توما كونج جسد والدته بقطعة قماش سوداء. وضعت بارفاثي باقة من الورود والزنابق وزهور الياسمين على القماش الأسود وبكت بصمت.

رفض توما كونج البكاء، لكنه ظل صامتا. طلبت منه بارفاثي وجورج موكين النوم في منزلهما. كانت بارفاثي على استعداد لتبنيه كابن لها. ومع ذلك، أصر توما كونج على أن يعود إلى المنزل ويعيش بمفرده ويطبخ طعامه في المنزل. في اليوم التالي، جمعت كل صور قلب يسوع الأقدس والسيدة مريم العذراء وجميع القديسين والمسابح والصلبان ذات الأحجام والأشكال المختلفة التي جمعتها إيميلي على مر السنين وأحرقتها في فناء منزلها. فجمع الرماد في كيس بلاستيكي وألقاه في حفرة البول الملحقة بالخنازير.

أصبح توما كونج يتيمًا في سن الرابعة عشرة. لقد توفي والده منذ ثلاث سنوات، لكن والدته اعتنت به وأحبته وكأن شيئا لم يحدث. كان كوريان أبًا محبًا. كان توما كونج يحب شركته دائمًا. بعد وفاة كورين، واجهت إميلي مشاكل مالية؛ الراتب الذي كانت تتقاضاه في المدرسة كعاملة نظافة لم يكن كافياً لإعالة أسرتها. تم إيداع التعويض الذي دفعه جورج موكين وبارفاثي عن وفاة كورين في أحد البنوك باسم توما كونج مقابل دراسته.

عندما كانت كورين على قيد الحياة، ابتهجت إميلي بحضور ابنها اليومي. أطلق عليه كورين اسم توما، وإيميلي، كونج مون. في المدرسة، كان توماس إميلي كورين. لعبت معه، ورقصت معه، وغنت الأغاني، وحكت له قصصًا قديمة، واحتفظت بكل ذلك لنفسها حتى بلغت الثانية عشرة من عمرها.

كانت مدرسته الابتدائية على بعد حوالي خمس دقائق سيرًا على الأقدام؛ كان توما كونج واثقًا بما يكفي ليذهب بمفرده. علمه الحروف الهجائية المالايالامية والإنجليزية، وتعلم اللغتين دون عناء.

أدركت إميلي أن ابنها كان ثرثارًا جدًا منذ أن كان صغيرًا؛ كان لديه العديد من الأصدقاء في المدرسة خلال سنواته الأربع الأولى. لعب

معهم واحتفل بطفولتهم. أخبرهم توما كونج بقصص رواها والدتي وقت النوم. كنت دائمًا ضمن مجموعة من الأصدقاء؛ مشوا ولعبوا ودرسوا وأكلوا معًا.

ثم بدأ أصدقاؤه يثرثرون عنه، مما آلمه ذلك. شيئًا فشيئًا بدأ ينأى بنفسه عن الطلاب والمعلمين وغيرهم من الأشخاص الذين تحدثوا عنه بشكل سيء. أخبر والدته بكل ما حدث في المدرسة، فعزته وطلبت منه أن ينسى كل شيء، لأنهم كانوا يشعرون بالغيرة.

قالت له أمي ذات مرة: "ارتدي النظارات لترى ما هو جيد".

وارتدى توما كونج نظارة عقلية، وغطى عينيه ليرى الخير فقط؛ لقد نسي أن يتكلم بالسوء عن أحد، ورفض أن يؤذي أحداً أو يدافع عن نفسه. عندما ماتت أمي، أصبح توما كونج عاجزًا.

وفي الطريق إلى المشنقة، غطى السجان توما كونج بقناع فوق رأسه. لقد كان قناعًا أسود، مظلمًا مثل الليل. أصيب بالعمى وسار نحو المشنقة، وهو لا يعلم أن البلاد قد أعدمت بالفعل سبعمائة واثنين وخمسين مدانًا منذ الاستقلال. بضع عشرات أخرى لن تؤثر على ضمير أبناء حمورابي وبنثام. وكانت النخب السياسية والبيروقراطيون بحاجة إلى حبل المشنقة لتخويف من لا صوت لهم والأميين والمرفوضين. الخناق حول رقبة توما كونج كان يحمي وزير التعليم الشاب.

فجأة كان على المشنقة، وشعر توما كونج بحشد صغير، قلة مختارة من بينهم قاضي المنطقة والمحققون وموظفو السجن. لم يتمكن من رؤيتهم لأنه لم يُسمح له برؤيتهم، ومُنع من زيارة المشنقة مع تعليق حبل المشنقة. لم تتمكن أمي من رؤية أي شخص لأنهم قاموا بتغطيتها بقطعة قماش سوداء قبل دفنها. لقد كان في القبر لمدة اثنين وعشرين عامًا عندما تم نقل توما كونج إلى المشنقة بعد أحد عشر عامًا في السجن.

المشنقة

وقفت المشنقة مثل نخلتين مقطوعتي الرأس متصلتين بعارضة. أدرك توما كونج قربه الهائل، وفي الظلام الدامس، استطاع أن يميز مكان رفعه، وكم كان حجمه، وكيف سيتم وضعه في منتصف أعمدته بحيث يمكن وضع الحبل حول رقبته. لقد كانت مراسم، مثل ختان عادل، أو إخصاء رزاق، أو اغتصاب قاصر في ملجأ حكومي للنساء، أو صلب المسيح.

لقد أنكرت المشنقة الحرية، ولم يكن أمام توما كونج مفر من عدم الحرية، إذ كان ذلك أمرًا لا مفر منه. لم يكن هناك أبدًا طريقة للخروج من المقصلة، مثل تقرير المصير منذ الولادة، والهروب من الموت، والاستقلال عن ملايين الأحداث الأخرى بين الولادة والموت. كانت الحياة تسير في عجلة هائلة من الحتمية، مثل مباراة كرة قدم في ملعب ضخم حيث لا يتمتع المرء بالحرية في خرق المبادئ التوجيهية. ومن لعب خارج القواعد تم طرده خارج الحدود.

كان السجن نقيض الحرية. لم يكن لأحد خيار في ذلك. كان السبي مثل عذاب فقدان العذرية. لم تكن هناك حرية في الاغتصاب، ولا تحرر من الموت.

وكان الموت هو الهزيمة الحاسمة. لم يستطع توما كونج مقاومة الموت؛ ستكون المبارزة هي الفائز النهائي. كان السجن بمثابة ظل شخصه: ضار، وخطير، ومتكرر، ومنهك.

حتى الرياح الموسمية في مالابار لم تكن مجانية؛ لم يستطع أن يأتي ويذهب كما يشاء. كان هناك رعد وبرق، أمطار وسيول، وبدا أن الأرض احتفلت بحريتها في اتخاذ القرار.

ولم تكن حتى المشنقة تتمتع بالحرية.

كانت الحرية أسطورة. أنشأ والديه Thoma Kunj من أجل المتعة. ولم يسأله والده البيولوجي متى قرر إجهاضه. ولم تكن والدته حرة في إنقاذه؛ لم أعرف كيف أحميه أو إلى أين أذهب من أجل الولادة. أخذتها كورين إلى منزل خالتها، ولم يكن لمريم الحرية في رفض إميلي، حيث لم يكن من الممكن التخلص من وظيفة الممرضة؛ لقد أحببت الإنسانية. كانت الحياة أسطورة بالنسبة إلى توما كونج؛ لم تطلب شرطة كارناتاكا الإذن من كورين بضربه قبل أن تقتله بعنف مثل الخنزير البري. فقد توما كونج والده الذي أحبه كابنه رغم أنه لم يكن والده. أراد رزاق أن يقضي توما كونج حياته معه في بوناني، لكن لم يكن توما كونج حرًا في الذهاب إلى بوناني ورفض الشنق. أراد رزاق ولداً، لكن أكيم خصيه ليحمي حوريته في المشربية. رزاق مسلم ترك الله وأراد أن يتبنى توما كونج، الكاثوليكي الذي رفض الكنيسة الفاسدة، وأحرق صور إلهه ودفن الرماد في حفرة بول الخنازير.

لم تطلب إميلي موافقة توما كونج على شنق نفسها على الصليب واحتضان يسوع العاري؛ لم يكن أمام إميلي خيار أن تشنق نفسها؛ فرض القس عليها القوة ووصفها بالعاهرة. لكنها كانت تتمتع باستقلالية الاختيار بين الصليب أو غصن الشجرة. اضطر توما كونج إلى قطع دراسته بضرب آبو على وجهه لأنه وصف والدته بالعاهرة. من الممكن أن يكون آبو قد علم من أصدقائه أن الكاهن كان يدعو إميلي فيشيا في عظته يوم الأحد. وأكد للكاهن أن له الحرية الكاملة في وخز أي شخص أثناء خطبته. عندما ترك المدرسة، لم يتمكن توما كونج من الذهاب إلى مدرسة أخرى. بعد وفاة إميلي، كان عليه أن يعمل لكسب لقمة العيش، على الرغم من أن جورج موكين وبارفاثي كانا على استعداد لتبنيه كابن لهما. لكن توما كونج فضل عدم الاعتماد على أي شخص، لأنه لم يكن لديه حرية داخلية ليقول نعم لدعوته. كان يفضل حظيرة الخنازير لأنه كان يحب الرائحة التي كان والده كورين يحضرها إلى المنزل كل ليلة، وكان توما كونج يحب رائحة خنزير كورين، الذي كان يسميه بابا.

بعد وفاة كورين وإميلي، قرر توما كونج أن يعيش حياة منعزلة، وكان امتيازه هو إخصاء الخنازير في مزرعة الخنازير الخاصة بجورج موكين. لم يكن لدى توما كونج الحرية في قول لا لجورج موكين، حيث رفض الذهاب إلى النزل لإصلاح الأنبوب المتسرب. لم يكن لدى جورج موكين مجال ليقول لا لمديرة الملجأ، ولم تكن لديه الحرية في أن يقول لها إنه لن ينقذ ابنها من تهم الاغتصاب والقتل، لأنه رجل قوي يمكنه اتخاذ قرار سلبي ضدها. كان ابنه شابًا سيصبح يومًا ما سياسيًا ووزير دولة ناجحًا. القبض على مدير النزل توما كونج؛ كان MLA سعيدًا وكان ابنه منتشيًا، على الرغم من أن الجميع كانوا يحملون عبء الذنب. وفي غضون عشر سنوات، أصبح الابن وزيراً يزور المدارس ومعاهد البنات، وينصح الطلاب بحماية أنفسهم من المعتدين الجنسيين.

لم يكن توما كونج حرًا في الدفاع عن نفسه، لأنه كان يعتقد أن الدفاع عن النفس ليس ضروريًا لعيش حياة سلمية. كان يعتقد أنه يجب على الجميع حماية كل فرد في المجتمع، وأنه يجب على شخص ما أن يتحمل اللوم على اغتصاب القاصر وقتله. ظل توما كونج صامتًا لأنه كان يعلم أنه لم يرتكب أي جريمة. مثل أرنب متهم بأكل شبل نمر، اتُهم باغتصاب قاصر وقتلها، لكنه لم يكن يعلم أن الضبع قد أكل شبل النمر. كان توما كونج صامتًا مثل إميلي ورزاق والخنازير في مسلخ جورج موكين. ورغم أنه لم يقطع خنزيرًا قط، إلا أنه كان يشعر بألمه وحزنه ودموعه، وكان يفكر أحيانًا في مقصلة نفسه لإنقاذ الخنازير. لقد خصى الخنازير وندم على ذلك، وفي كل مرة، قبل الخصاء، كان يطلب العفو منها كما يطلب الجلاد العفو من المحكوم عليه. ظل توما كونج صامتًا عند إخصاء الخنازير، لكن عادل بكى بصوت عالٍ عندما قام أكيم بإخصاء رزاق. ثرثرت محظيات المشربية بينما كان أكيم يبحث عن رزاق ممسكًا برأس المصري بيد والسيف باليد الأخرى. بكت نساء الحريم على رزاق وليس على خليته.

لم يكن لدى أكيم الحرية، حيث كان عليه أن يوجه حريمه. لقد أصبح عبدًا لمتعه الجنسية ويحتاج إلى الحفاظ على قوانينه داخل الحريم.

وأنشأ بداشون الرزاق الحور العين، وهي اثنان وسبعون، للمؤمن المؤمن في الجنة مكافأة له على قتال أعدائه، فيقطع رؤوسهم. أوفت الحور العين بوعد خودا بإعطاء الأمل والشجاعة للمؤمنين المتعطشين للجنس، وألهمتهم للإغارة في جوف الليل على المجتمعات الصغيرة من أطفال من صارع الله طوال الليل المنتشرة في جميع أنحاء واحات الصحراء. وكان المقاتلون بالسيف سيحصلون على الحور العين في الجنة مكافأة لو أنهم ماتوا أثناء المناوشات السريعة التي لم يتوقعها النائمون أبدًا. كانت اثنتين وسبعين ساعة بمثابة تعويض جميل عن الحياة المفقودة. ولو نجحوا لكانت الأرامل والأموال المنهوبة جائزتهم، وعندما وصلوا إلى الجنة كانت الحور العين.

ولم يفكر الرحمن قط في حرية الحور العين، إذ حكم على النساء العزل أن يكن محظيات في الأرض وحوريات في الجنة.

لم يقلق توما كونج بشأن عبوديته خلال إحدى عشرة سنة من سجنه؛ لقد قبلها كشخص كان عليه أن يعاني من السجن والإعدام المحتمل بتهمة اغتصاب وقتل قاصر. لقد فكر في المشنقة، لكن لم تتح له الفرصة لرؤيتها؛ ولم يُمنح السجين المدان عملاً حيث كانت المشنقة. لكن توما كونج سمع ذات مرة سجناء مدى الحياة يصفون المشنقة بأنها عارضة ضخمة للموت متصلة بعمودين عموديين ضخمين مرتفعين. لم يكن لدى السقالة ما تقوله عندما يتعلق الأمر بشنق رجل مُدان؛ وكان واجبهم، مثل واجب الحور العين، هو توفير المتعة الجنسية للمؤمن المؤمن في الجنة.

منذ بداية السجن تم استخدام سقالة مصنوعة من خشب الساج، حيث تم شنق العشرات من الأشخاص عليها. في السنوات الأولى من الهند الحرة، كان الشنق هو أبسط وسيلة للقضاء على المجرم؛ لقد كانت لعبة الكل ضد الكل. أدت هجرة الأسر ذات الدخل المنخفض من ترافانكور إلى مالابار بحثًا عن الأرض للزراعة والقضاء على الجوع والفقر وتعليم أطفالهم وإنشاء المدارس والكنائس والمستشفيات والمراكز المجتمعية، إلى خلق صراعات لا نهاية لها

مع الطبيعة والناس. وزادت عقوبة الإعدام، وأصبح الشنق شائعا، وفقد العديد من الأبرياء حياتهم شنقا. لم يكن هناك أحد ليكتب قصصهم، ولم يكن أحد مهتمًا بشخص ميت. كانت المشنقة المصنوعة من خشب الساج قوية مثل جسر فالاباتانام، والحبل المربوط حول عنق الرجل المدان تم طلبه خصيصًا من كويمباتور، مانشستر في الهند. قبل بضع سنوات، قام مصنع للصلب معروف بجودته ببناء هيكل فولاذي. كانت المشنقة تحمي الأغنياء والأقوياء، والسياسيين، والقضاة، والوزراء، والكهنة، والمعلمين، والمولايين، ورجال الأعمال.

وفي العهد البريطاني لم تكن هناك رحمة للمجرم. انضم المئات من الأشرار شبه المتعلمين من اسكتلندا وويلز وإنجلترا وأيرلندا إلى الخدمة الإدارية البريطانية، وخاصة في الشرطة والسجون، وشجعوا القمع القاسي لانتهاكات القانون. لقد أرادوا إمبراطورية بريطانية قوية لتدفئة منزلهم خلال فصل الشتاء القارس. ودفعت كل عملية تعليق قيمة أسهم شركة الهند الشرقية إلى الارتفاع بشكل متواصل. بالنسبة للبريطانيين، تضمنت الفلسفة المركزية لنظام العدالة الجنائية الردع والانتقام. وسرعان ما أصبح المحامون والقضاة الذين تعلموا النظام القانوني الأنجلوسكسوني من تلاميذ حمورابي وجيريمي بينثام، وأظهروا شهية ملحوظة للشنق. تم شنق عدة آلاف من الأشخاص منذ إعدام المهراجا نانداكومار، جابي الضرائب لشركة الهند الشرقية في البنغال. اتبعت الهند الحرة عن طيب خاطر الوحشية البريطانية. وكانت رشا راغوراج سينغ، التي أُعدمت في 9 سبتمبر/أيلول من العام الذي نالت فيه البلاد استقلالها في سجن جابالبور المركزي، أول من يتم إعدامها في الهند الحرة.

سار توما كونج نحو المشنقة التي كانت تقف مثل الحرم المقدس، حبل المشنقة إلهها، المحمي بين جدران عالية في وسط قطعة أرض مساحتها فدان واحد، مبلطة بالجرانيت داخل سجن محروس مساحته مائة فدان. كان الجلاد كاهنهم، وكان موظفو السجن هم المصلين، وقاضي المنطقة منشدهم، وكان الفنانون علماء نفس وعلماء اجتماع في السلوك البشري.

زاد القناع الأسود الذي غطى رأسه ووجهه من ظلام العالم كله، وكان توما كونج يتخيل حبل المشنقة المتدلي من العارضة، قويًا وبيضاويًا وقادرًا على تحمل وزن الرجل المدان. حلقتان من نفس العارضة الأفقية لاثنين من المدانين قللت بشكل كبير من عبء العمل على سلطات السجن. استغرق الأمر شهورًا، وأحيانًا سنوات، من الإعداد لشنق مجرم، حيث استهلكت الاستئنافات المقدمة إلى المحكمة العليا والمحكمة العليا والرئيس سنوات عديدة وأجلت عقوبة الإعدام. وحتى بعد رفض الاستئناف الأخير، بقيت أشهر من التحضير، وكان تأمين الجلاد أمرًا مرهقًا.

كانت المشنقة أقوى أداة اخترعها البشر لقمع الروح الإنسانية. كان لديه القدرة على قتل الحياة، وأداة لشنق شخص حتى الموت من الفخ المربوط بالعارضة. وكان وجود أكثر من مصيدة واحدة تعمل في وقت واحد بمثابة نعمة للقضاء والحكومة وموظفي السجون. استخدمت الحكومة أموالاً هائلة لشنق أحد المحكوم عليهم، أي ما لا يقل عن عشرة أضعاف المبلغ الإجمالي اللازم لإبقاء الجاني في السجن مدى الحياة.

في السجن، يمكن للمجرم أن يعمل، ويكسب لقمة العيش، ويدعم أسرته ويقاتل من أجل تنمية البلاد.

لكن الانتحار كان مختلفا. لقد كان اختيار الشخص، وإيميلي اختارت موتها.

ماتت إميلي على الصليب.

كان للموت على الصليب مجد ديني ووعد روحي. ولكن كان لا بد من شنق الضحية، مثل يسوع الناصري. شنقت إميلي نفسها وفقدت مجدها ووعدها. رفض القس دفنها في باحة الكنيسة، وقام جورج موكين برشوة القس ليعطيه قطعة من الطين. عيّنها الكاهن إلى ثيمادي كوزي، زاوية الخطاة، ودُفنت إميلي بقطعة قماش سوداء، إذ لم يكن لها الحق في أن تُغطى بملاءة بيضاء. أولئك الذين يرتدون ملاءات بيضاء سيذهبون مباشرة إلى الجنة، وأولئك الذين يرتدون ملابس سوداء إلى المطهر ليتطهروا أو إلى الجحيم في النار الأبدية.

وكان إله اليهود والنصارى يهوه يحب اللون الأبيض، وكانت حور الله تلبس العباءات البيضاء. وكلاهما كان يكره اللون الأسود، لون إبليس أو إبليس. وكان أبناء إبراهيم يعشقون اللون الأبيض، لون الملائكة، والملكات، والحور العين.

ودُفن جسد إميلي المغطى بملاءة سوداء في المقبرة في زاوية الخطاة.

لم تكن إميلي آثمة منذ ولادتها، وكانت الابنة الوحيدة لاثنين من المعلمين من ثيروفالا الذين قاموا بتدريس اللغة الإنجليزية والرياضيات في أديس أبابا. لم تحب إليزابيث وجاكوب إنجاب طفل، ولكن في سن الثامنة والثلاثين، حملت إليزابيث ووصلت إلى منزل راشيل في ثيروفالا من أجل الولادة. وبعد يوم واحد من ولادة الطفلة، عادت إليزابيث إلى إثيوبيا لتكون مع زوجها، دون حتى أن تطلب من والدتها تربية المولود الجديد. عرفت راشيل أن إليزابيث قد تخلت عن طفلها وأنها لن ترى الطفل مرة أخرى.

قامت جدتها بتربية إميلي وعلمتها التحدث باللغة الإنجليزية الخاصة بالملكة منذ اليوم الأول. عندما كانت إميلي في الرابعة من عمرها، علمتها راشيل كيفية كتابة الحروف الأبجدية باللغتين المالايالامية والإنجليزية. دعتها إميلي بـ "أمي".

لعدة سنوات، عملت راشيل كجراحة في برمنغهام، وكانت تعاني من جنون العظمة الذهاني الخفيف وتواجه صراعات يومية مع زوجها ديفيد، الذي التقت به أثناء دراستها في كلية فيلور الطبية. دكتور ديفيد، طبيب نفسي في المملكة المتحدة، طلق راشيل بعد عشر سنوات من الزواج وتزوج من امرأة بيضاء تدعى مارغريت، عارضة الأزياء والممثلة الفاشلة. كانت تزور ديفيد بانتظام لتلقي العلاج النفسي.

مع ابنتها الوحيدة، إليزابيث، انتقلت راشيل إلى لندن وواصلت ممارستها، وهي تحمل في داخلها كراهية حقيرة لزوجها السابق وزوجته الجديدة. كانت تخشى الظلام وتعتقد أن زوجها المطلق وزوجته سيخنقونها في الليالي المظلمة. لم تطفئ راشيل الضوء أبدًا

في الليل. سيطرت الهلوسة على عقله وتقاتل مع ديفيد ومارجريت وأعداء وهميين آخرين.

في لندن، أصبحت راشيل ثرية جدًا من عملها وانتقلت إلى ثيروفالا عندما كانت في الخامسة والستين من عمرها. وبعد عام وصلت إليزابيث وولدت إميلي.

كانت إميلي طفلة وحيدة ونشأت على هذا النحو.

نشأ وهو يسمع صراخ جدته وعويلها، خاصة بعد غروب الشمس. كانت أمي تتجادل كل ليلة مع زوجها المطلق، الدكتور ديفيد، وزوجته الإنجليزية، مارغريت، معتقدة أنه لا يزال في برمنغهام، حيث كانت تراه في كثير من الأحيان يعانق عميله في عيادته.

كانت راشيل في بعض الأحيان عدوانية تجاه الغرباء أثناء السفر، خاصة في الفنادق والمنتجعات. كان يكره الممثلين وعارضي الأزياء ويعتقد أنهم جميعًا يحبون ديفيد. مندفعة في ردود أفعالها، ظلت بعيدة لأيام متتالية، ناسية أن إميلي كانت معها. أظهرت الجدة أحيانًا سلوكًا معاديًا للمجتمع، وكانت إيميلي خائفة للغاية. كانت راشيل تكره النساء الاجتماعيات اللاتي يرتدين الملابس والمجوهرات العصرية. لكن راشيل اشترت فساتين باهظة الثمن وألماسًا لإميلي دون استشارتها. كل يوم، كانت راشيل تهاجم الدمى المطاطية العملاقة للدكتور ديفيد وزوجته في غرفة نومها. وبعد ركلهم في الوجه، كانت تجلس على صدورهم مثل المقاتل وتضربهم بشكل متكرر.

صرخ قائلاً: "ديفيد، أنا أكرهك".

"أنا أكرهك يا ديفيد. لقد تزوجت تلك العاهرة. لن أسامحك أبدًا،" ارتفعت الصراخات.

وتابعت الشتائم "أنت الشخص الذي يحتاج إلى علاج نفسي، أيها الأحمق اللعين".

كان لإيميلي غرفة نوم خاصة بها، وأثناء الضجة والصراخ كانت تختبئ تحت الوسائد وترتجف من الخوف. بدافع الفضول، شاهدت إيميلي جدتها وهي تفتح الأبواب المغلقة ست مرات، معظمها في الليل. كان يستيقظ في منتصف الليل ويتحقق مما إذا كان القفل المركزي على الباب سليمًا. كل بضع ساعات، كانت تظهر داخلها مشاعر غير عقلانية شديدة من الخوف والغضب، مما يجعلها تتجادل وتصبح دفاعية في مواجهة النقد الوهمي. غالبًا ما بقيت إميلي في غرفتها دون الظهور أمام والدتها.

راشيل لم تغفر لزوجها السابق وزوجته الممثلة.

خلال النهار، كانت راشيل ثرثارة وتطلب من إميلي أن تقرأ بصوت عالٍ مقطعًا من كتاب القصص القصيرة. شجعت الجدة إيميلي على القراءة بوضوح وقامت بتصحيح نطقها.

كانت راشيل ترتدي ملابس امرأة من عائلة النخبة، وتتابع بدقة أحدث اتجاهات الموضة في لندن، وتطبخ الطعام الغربي، وتتصرف مثل الأرستقراطية البريطانية، وتتحدث الإنجليزية الخاصة بالملكة. قاد سيارته، وذهب مع إميلي إلى كوتشي، وألابوزا، وكوتايام، ومونار، وتريفاندروم، وكانياكوماري، وأقام في أفضل الفنادق.

في سن الخامسة، تم إرسال إميلي إلى مدرسة داخلية للفتيات في كودايكانال، حيث لم تحب البيئة. لم يكن لديها أصدقاء، لأنها كانت تخشى التحدث مع الطلاب الآخرين. لم تكن إيميلي تعرف من تقبل، لأنها نشأت بمفردها، دون إخوة أو والدين. نشأت إميلي مع امرأة أكبر سنًا كانت تعاني من جنون العظمة والفصام والاختلالات العقلية. على الرغم من أن معلميها تصرفوا بالحب والمودة، إلا أن إميلي حافظت على مسافة بينها وبينهم. كانت جدته تزور المدرسة كل شهر، عشية عيد الميلاد وخلال العطلة الصيفية. كان سلوكها المتطور يثير دائمًا الحديث بين المعلمين، واستمرت زيارات راشيل حتى أنهت إميلي رسومها الدراسية.

كانت إميلي جيدة في دراستها. على الرغم من أنها كانت منعزلة، إلا أنها كانت متحدثة مقنعة وشاركت في المسابقات بين المدارس

وداخلها. في كل عام، كانت إيميلي تذهب في رحلة دراسية مع زميلاتها في الصف وتزور الأماكن السياحية المهمة في الهند ونيبال وبوتان وسريلانكا، ولكن دون التفاعل مع أي شخص.

التقت بوالديها عندما كانت في التاسعة من عمرها، لأول مرة عندما كانت مع جدتها في ثيروفالا خلال عطلة عيد الميلاد. بعد ظهر أحد الأيام، رأت إميلي شخصين غريبين، رجل وامرأة، يخرجان من سيارة أجرة أمام منزلها. اندهشت إميلي لأنهما تصرفا كزوجين متزوجين حديثًا. كانت راشيل غير مبالية نسبيًا بهم. لم يتحدثوا مع إميلي أو يظهروا أي اهتمام بها، كما لو أنها لم تكن موجودة من قبل، ولم تكن إميلي تعرف من هم.

"إيميلي، تعرفي على والديك، الأوغاد من إثيوبيا،" صرخت راشيل من غرفة المعيشة.

لقد صنع صمتًا طويلًا.

"أنت تريد الاستيلاء على ممتلكاتي، لكنك لن تحصل عليها إلا على جثتي"، صرخت الجدة من غرفة المعيشة.

غادرت إليزابيث وجاكوب بعد نصف ساعة.

"اذهب إلى الجحيم ولا تعود أبدًا. عمري الآن خمسة وسبعون عامًا. "اتركوني وشأني،" صرخت راشيل عندما غادروا.

واصلت أمي الصراخ طوال المساء. لقد كنت مضطرباً. لقد ركل معصمي ديفيد ومارجريت. ملأت الصراخ والشتائم الهواء، وأغرقت الترانيم.

كانت إميلي فتاة وحيدة. ولم يكن لديه أصدقاء في الحي.

وفي مراهقته، اشتدت وحدته. فجأة كان لدي جحافل من البثور على وجهي. ولما بلغت الثانية عشرة من عمرها، بدأ حيضها. لم تكن إميلي تعرف ولم يكن لديها من تتحدث إليه. إن مشاعر الألم المتكررة التي صاحبت إدراكها أن شيئًا فظيعًا قد حدث داخل جسدها سحقت عواطفها وراحتها. كان ثوب نومها مبللاً بالدم ولم تستطع

قبوله، لأنها لا تعرف سبب حدوث ذلك وماذا سيحدث لها وأين سترمي ثوب النوم. كان يختبئ من الطلاب الآخرين في غرفة الطعام وفي الفصول الدراسية ويخشى أن يكون في الجمعية العامة أو في الفصل. واستمرت دورتها ستة أيام وأراحتها نفسيا. اجتاح الخجل رأسه وألم في أسفل بطنه. كان يثيرها الغثيان والتشنجات والشعور بالانتفاخ، خاصة في ثدييها. كان هناك إحساس بالحرقان في حلماتها وكانت تضغط عليهما بشكل متكرر. شعرت إميلي بالتعب والضعف والكسل.

التقلبات المزاجية جعلت إميلي غاضبة وخسرت؛ كان القلق يضايقها باستمرار، كما لو كانت تسافر عبر نفق، ليس له نهاية، أو ليس هناك فتحة على الجانب الآخر. أدركت أنني على قمة جبل، وأنه لا سبيل للنزول منه؛ كانت المنحدرات شديدة الانحدار وخطيرة. كانت إيميلي غاضبة، وكانت في ذهنها تصرخ على معلميها، ووالديها، وجدتها، والعالم بأسره.

وكانت الدورة الشهرية التالية بعد أربعة أشهر. كانت إميلي في المنزل مع جدتها، التي لم تتمكن من الاقتراب منها، لأنها كانت تلعن ديفيد ومارغريت لعدة أيام. لم تتح الفرصة لإيميلي أبدًا للتحدث مع والدتها عن التغيرات البيولوجية والعاطفية. في اليوم الثالث، بعد الإفطار، رأت راشيل قطرات من الدم على أرضية غرفة الطعام، ولأول مرة في حياة إميلي، احتضنتها جدتها بقلق وأخبرتها أنها أصبحت امرأة. شرحت الجدة لإيميلي، بكل صراحة، كل ما يتعلق بسر الدورة الشهرية والدورة الشهرية وضرورة الحفاظ على نظافة الجسم وكيفية استخدام الفوطة والاستعدادات العاطفية والنفسية اللازمة لمواجهتها.

خلال الأسابيع القليلة التالية، كل يوم، كانت الجدة تشرح لإميلي كيف تتطور البويضة في المبيض، ورفض البويضة غير المخصبة، وتكوين الحيوانات المنوية في الخصيتين الذكرية، والعلاقات الجنسية بين المرأة والرجل، وخلفياتها البيولوجية والنفسية. ، إدراك الإنسان للجماع الجنسي وكيفية تجنب الحمل غير المرغوب فيه.

اعتقدت راحيل أن ممارسة الجنس بين الفتاة والصبي ليس خطيئة؛ ولم يقلل ذلك بأي حال من الأحوال من كرامة الحياة البشرية، بل عززها. إن الاتصال الجنسي له آثار اجتماعية ونفسية محددة وتداعيات شخصية واجتماعية. على الرغم من أنه لم يكن هناك أي خطأ في العلاقات قبل الزواج، إلا أن الجدة أخبرت إميلي صراحة كيفية تجنب الحمل غير المرغوب فيه، مما أدى إلى تثبيط الصبي عن ممارسة الجنس المفترس. بالنسبة لأمي، كان الجنس ظاهرة بيولوجية طبيعية مرتبطة باحتياجات الشخص العاطفية والنفسية ونموه. كان على إميلي أن تكون حذرة عند إقامة علاقات جنسية مع رجل.

"الدين والله لا علاقة لهما بالجنس. الدين بناء اجتماعي والله أسطورة. ولا يمكنهم التدخل في شؤون الإنسان. عليك أن تتخلص من كليهما. الجنس هو أمر بيولوجي بحت، وله عواقب نفسية وعاطفية واجتماعية، ويجب أن تكون مسؤولاً عن جسدك وعقلك ومستقبلك. قالت الجدة وهي تنظر إلى إميلي: "كوني حكيمة في تعاملاتك مع الأولاد".

أجابت إميلي: "أمي، سأتبع ما قلته".

قالت راشيل: "لن أجبرك يا إميلي، أنت مسؤول عن أفعالك".

"أنا أفهم يا أمي."

وقالت راحيل: "إذا لم يكن هناك إله، فإن البشر مسؤولون عن أفعالهم".

تحدثت الجدة لأول مرة عن الجنس والله. كانت إميلي ممتنة لها لأنها جعلتها تفهم معنى الأنوثة البيولوجية وحرية الله.

التحقت إميلي بالمدرسة الثانوية لمدة عامين في مدرسة في تريفاندروم بعد إكمال الفصل العاشر؛ كان لدي خمسة عشر عاما. كانت المدرسة مخصصة للبنين والبنات على حد سواء، وكانت أول فرصة لإيميلي للتفاعل مع الأولاد، لكنها كانت مترددة في تكوين صداقات معهم. لم تتح له الفرصة للتحدث مع صبي. في منزل

الجدة، شعرت إميلي بالوحدة، لأنها لم تقابل صبيًا في الحي من قبل. وكانت مدرستها الداخلية مخصصة للفتيات، وكان جميع المعلمين والموظفين الإداريين من النساء. على الرغم من أنه كان فضوليًا تجاه الأولاد، إلا أنه لم يكن لديه أبدًا تجربة التفاعل معهم. حلمت إميلي برؤية جسد صبي عارياً. أردت أن أرى قضيبًا، وألمسه، وأشعر به، وأعرف كيف يتصرف، لأنني لم أر واحدًا ولو مرة واحدة. فكرت إميلي في الأمر لعدة أسابيع وكان لديها أوهام اللعب بالأعضاء التناسلية لصديقها.

لقد طورت بشكل متكرر مشاعر الضيق والإدراك بأن احتياجاتها الاجتماعية والعاطفية لم يتم تلبيتها كما كانت ترغب عندما كانت طفلة. كانت حزينة لشعورها بالوحدة، لابتعادها عن الأولاد. إن عدم وجود أولاد بجانبها للمسهم ومداعبتهم جعلها تشعر بالحزن، لأن الأولاد في الفصل كانوا غرباء عنها، لكنهم كانوا وسيمين وأقوياء. لكن أشباح أن يتبعها صبي كانت تخيفها، وكانت دائمًا متوترة بسبب دوافعها الجنسية وقضت ليالٍ بلا نوم تفكر في وجود رفاق ذكور. الاكتئاب والقلق اضطهدها.

في المدرسة، لم تكن قادرة على التواصل مع الطلاب والمعلمين الآخرين، ولم يكن لديها أفضل صديق لتشاركه أعمق أفكارها، مما ساعدها على التخلص من الشك الذاتي وعدم احترام الذات.

في المنزل، خلال العطلات، كانت تقضي معظم وقتها في التفكير بصحبة صديقها. وبما أن أمي كانت في الثمانينات من عمرها، لم يكن بوسعها أن تقلق بشأن التغييرات التي تحدث في إيميلي. كانت تشعر بالفراغ باستمرار، وكان لديها شوق خفي لشخص يحتضنها وينام معها ويعتني بها. اختارت أن تنعزل عن نفسها، لكنها لم تكن سعيدة بوحدتها، أرادت أن يكون لديها رجل محب يعتني بها كصديق، تستطيع معه السفر حول العالم، والتحدث عن أي شيء تحت الشمس، وعيش حياة دائمة. لحظات حميمة.

كان الدافع الجنسي يدق في رأسه مثل المطر في كوخ من الصفيح؛ أغلقت غرفتها وبقيت في الداخل، وهي تشعر بعدم الكفاءة والحزن

لبقائها في الداخل وحيدة. لم يكن لديه ما يتحدث به مع جدته على الطاولة؛ لقد كان بائسًا عندما كان يتشارك مع المرأة الأكبر سنًا التي كانت تمسك بيده بينما كانت تمسك بالشوكة والسكين. كانت مشاعر مختلفة تضطهد إميلي، لأنها أحبت جدتها وكرهتها لأنها اعتنت بها عندما كانت طفلة، لأنه كان من الأفضل خنقها بمجرد ولادتها.

شعرت إيميلي بالخوف عندما رأت جدتها تضرب الدمى. ربما شعر ديفيد ومارجريت بالألم عندما قامت المرأة العجوز بلكمهما بشكل متكرر.

بالنسبة لإيميلي، كانت مدرستها فارغة، رغم أنها مليئة بالطلاب. خلال مسابقات الإلقاء، كانت تعتقد أن أحدا لن يستمع إليها، على الرغم من أن الغرفة كانت مكتظة بالأشخاص الذين أعجبوا بقدرتها على التحدث بشكل مقنع ومنطقي. بدأ يتحدث للقضاء على وحدته وفاز بجوائز ليطرد وحدته.

في عزلتها، شعرت إميلي بالجوع الجنسي. في بعض الأحيان كانت الرغبة لا يمكن السيطرة عليها، مما أدى إلى إجبارها على التفكير والتفكير مما أدى إلى مزيد من الشعور بالوحدة، والتركيز على صديق يمكن أن يخفف من حاجتها الجنسية. لكن مشاعره لم تكن مرتبطة بواقع الوضع لأنها كانت في كثير من الأحيان عابرة مثل السحب الضائعة، بلا هدف أو اتجاه، ولكنها مرتبطة بحياته لدرجة أنه حاول الهروب منها.

غالبًا ما كان يشعر بالغيرة من الطلاب الآخرين لأنهم استمتعوا بصحبة أصدقائهم. من ناحية أخرى، لم يكن لدى إيميلي من تشاركه مشاعرها ورغباتها، لأنها لم تكن متحالفة بشكل كافٍ مع الآخرين. اعتقدت أن وضعها لن ينتهي أبدًا، لأنهم لا يريدونها، ولا يحبونها، وشعرت بعدم الأمان والتخلي عنها. نشأ لديها حزن مستمر لا تستطيع تحديده، لكنه كان بسبب عدم وجود شخص يحبها، وأرادت أن ترد هذا الحب بالمثل. سيكون ذلك بمثابة رعاية وفهم عميق مبني على الحاجة إلى شيء حميم.

أرادت إميلي الانتماء لكنها كانت تخشى الانتماء.

كانت عواطفه تركز على تلبية احتياجاته العميقة. كانت تبحث عن الرجل الذي سيكون معها، والذي سيتنفس بداخلها، والذي سيشعر معها والذي سيخلق فرحة عاطفية لا نهاية لها.

كانت إميلي مستبعدة من والديها، وكانت تبحث عن شخص يكون مثل الأب والحبيب والصديق. كان والديه غريبين تمامًا ولم يتحدث إليهما أبدًا، ولم يكن يعرف حتى ما هي الأبوة. لقد خلق ذلك فراغا لا يمكن سده في حياته، ولا يمكن أن يملأه إلا رجل واحد. لقد شكل مفهوم الأب فراغًا بداخلها، أرضًا قاحلة لا نهاية لها، ومحيطًا شاسعًا من الظلام، وفراغًا من الحب في مجمله.

لم يكن هناك أب لها.

تم استبعاد إميلي من رعاية والدها، وغالبًا ما شعرت بدافع شديد للعثور على شخص يمكنه قبولها.

سيطر عليها الصمت، وغلفها الخوف، فملأ قلبها وعقلها بالفراغ والظلام اللامحدود. في بعض الأحيان أصبح يجسد الظلام. لم يكن هناك ما يستحق التفكير والانتظار، رغبة قوية في شخص ما، رجل. انتهى كل شيء بفراغ ميؤوس منه. لم يكن هناك مكان نذهب إليه، ولا مركبة نسافر بها، ولا طريق نقود إليه. كان الأمر أشبه بسراب في الصحراء، وكانت إيميلي بمفردها. كان يكره البكاء ويكره الشعور بالحزن، لأن حياته كانت فارغة مثل قشرة جوز الهند.

عندما أنهت دراستها الثانوية، التحقت إميلي بمدرسة للبنات في إرناكولام لتتخرج؛ كان في الثامنة عشرة من عمره واختار اللغة الإنجليزية، مادته المفضلة، للحصول على شهادته، وهي دورة مدتها ثلاث سنوات. كانت راشيل في الرابعة والثمانين من عمرها وفتحت حساب توفير لإيميلي بإيداع أولي قدره عشرين ألف روبية لتتمكن من إكمال دراستها دون أعباء مالية.

بدأت إميلي في الإقامة في الملجأ وكانت تزور والدتها مرة واحدة في الشهر، وكانت أكثر تأثرًا بعمرها، لكنها ما زالت متقلبة المزاج وصامتة.

في الجامعة، كانت إميلي عضوًا في منتدى الخطابة وكانت مسؤولة عن دعوة الحضور لرئاسة الفعاليات المختلفة التي نظمها المنتدى. وفي إحدى المناسبات، سأل المحامي الشاب موهان، وهو متحدث ديناميكي يمكنه أن يدمج القانون والأدب بإيجاز. وسرعان ما بدأت إميلي تحب موهان وتعجب به، حيث كانت تزور مكتبه وتنخرط في محادثات طويلة. وسرعان ما ارتقت إيميلي إلى عالم جديد من القرب الذكوري والدفء والرائحة، وعبدته وحققت أحلامها منذ المراهقة. كانت إميلي تعشق موهان، ومظهره، وتدفق كلماته المستمر، ومعرفته العامة، واهتمامه واحترامه لإيميلي. في كثير من فترات بعد الظهر، كانت تجلس بالقرب منه وتنظر في عينيه كما لو كانت مهووسة بقوته الذكورية وقوته وسحره.

خلال عطلات نهاية الأسبوع، زارت إميلي وموهان أفضل المطاعم في كوتشي وقضوا ساعات طويلة بصحبة بعضهما البعض. كان المال يتدفق من حقيبتها وكانت راضية بدفع موهان لإبقائه سعيدًا ومثيرًا. كل ليلة، كان يختار زجاجة من الويسكي الباهظ الثمن ويسعد أن إميلي دفعت ثمنها بكل سرور. لأول مرة، أصبحت إميلي مرتبطة بشكل وثيق برجل، وأعجبت بكل شيء يتعلق بسلوك موهان، حتى شكله ورائحته. أرادت أن تعانقه وتضعه بالقرب من قلبها. لقد كان أمرًا جديدًا بالنسبة لإيميلي أن تكون مع رجل، وتحتضنه بين ذراعيها. وتدفقت قوة الأفكار الجديدة للاتحاد بداخله.

غالبًا ما كانوا يستقلون قاربًا في رحلة ويسافرون إلى ألابوزا وتشانجاناسيري وكوماراكوم. كان قضاء الوقت مع موهان تجربة رائعة بالنسبة لإميلي.

نشوة العواطف تركتها عاجزة عن الكلام. انفجرت عاطفتها عندما شعرت بالأحلام تتراقص في بطنها.

شعرت إميلي بالمغامرة، وفعلت أي شيء لإرضاء موهان، وكانت تشعر بالفضول بشأن ردود أفعاله ومظهره. مع أفكار جديدة حول العيش معًا، روت له قصصًا لا تعد ولا تحصى، ونسيت أولوياتها الأخرى، ورغبت في ممارسة الجنس واستمتعت بموهان عقليًا وهو

عارٍ. أجبرتها مجموعة من الاستجابات الجسدية والنفسية في تصرفاته وتفاعلاته على الاعتماد عليه بشكل إدماني ورغبة أكبر في ممارسة الحب. كانت تحب أن يسحقها عندما كانت معه.

نشأ قلق حيوي لدى موهان في قلبه، حيث ملأ كل لحظة من وجوده بالرغبة في جعل حياته أسهل بأحدث الأدوات، ومنحه أشياء باهظة الثمن يمكن أن تجعله يبتسم. لقد أعطت الأولوية لقراراتها بناءً على ما تحبه وما لا تحبه، وكانت تحمله دائمًا إلى الداخل، مثل امرأة حامل تحمي بيضتها الملقحة.

تذكرت مراراً وتكراراً أول لقاء معه في مكتبه، تجربة غامرة، القرب منه، ونشوء انجذاب وارتباط جسدي وعاطفي قوي. حتى في اليوم الأول أرادت رؤيته عاريا، وشككت لفترة وجيزة فيما إذا كان قد فقد وضوحه، وتماسكه.

يومًا بعد يوم، تطورت إيميلي، وأصبحت شخصًا جديدًا تمامًا، شعرت بالتغيرات العاطفية مع التغيرات الجسدية؛ كان هناك خفقان عالي وأفكار وسواس في بعض الأحيان. كانت ردود أفعالهم فورية ولكنها محاطة بالتوتر، وشعور ثاقب بالبهجة ممزوجًا بعدم الثقة في تجربة ذلك بهذه القوة. وكانت المشاعر وردود الفعل قوية وتتحرك بسرعة، مما أدى إلى فقدانه للحكم واتخاذ قرارات مجنونة دون نتائج منطقية.

كان موهان يقيم بمفرده في منزل يطل على بحيرة فيمباناد، وفي إحدى الليالي اصطحب إميلي إلى منزله. كانت شقة بغرفة نوم واحدة مع غرفة معيشة صغيرة ومطبخ صغير، وقد أحبتها لأنها وجدتها مريحة ومضغوطة، حيث كانت إميلي بمفردها مع رجل أعجبت به وأحبته. لقد مارس الجنس للمرة الأولى فور وصولهم؛ لقد أحببت جسد موهان العاري والطريقة التي كان يمسكها بها ويخلع ملابسها ويقبلها. لقد فتنتها نضارة الأمر كله، وكان الألم الطفيف الناجم عن الاتحاد الجنسي تجربة ممتعة؛ اشتد هوسه بالجنس. في اليوم التالي، انتقلت إيميلي من النزل إلى منزل موهان.

إميلي تعشق موهان. لقد سحرها سحره وأعجبت بالطريقة التي يفعل بها كل شيء. لقد تحدى ممارسة الحب مفهومها عن العلاقة بين الرجل والمرأة، وفكرت إميلي كم كانت محظوظة بوجود صديق مثل موهان، الذي كان يقدرها ويهتم بها كثيرًا. وتساءل كيف يشكر موهان على النعيم السماوي الذي منحه إياه.

في اليوم التالي، اصطحبت إميلي موهان إلى معرض سيارات وقدمت له سيارة شعرت أنها قريبة جدًا منه. عانقها موهان بسعادة وقبل شفتيها. لقد سافروا بانتظام إلى ميسور وبنغالور وجوا وأوتي وكودايكانال وتشيناي، وكانت إميلي سعيدة بإنفاق أي مبلغ من أجل صديقها الحبيب.

كانت متحمسة جدًا لمعرفة أن والدتها قد أودعت عشرة آلاف روبية أخرى في حسابها كهدية، وشاركت إميلي الأخبار المثيرة مع موهان وأخبرته أنه حر في إدارة بنكها لتلبية احتياجاته.

أخذ موهان إجازة ممتدة لمدة شهرين، وأخبر إميلي أنه يحب التواجد معها في الأيام الأولى من العلاقة الحميمة. سيبدأ في ممارسة المحاماة عندما تنتهي نشوة عدم انفصالهما. عانقته إميلي وقبلته بدافع القلق.

خطط موهان لرحلة خارجية له ولإميلي إلى جاوة وبالي وكوالالمبور وبانكوك وأنغكور وات وسايجون. وستستمر الزيارة أربعة أسابيع.

دون إخبار أمي من كوتشي، استقلّت إميلي وموهان رحلة مباشرة إلى كوالالمبور، حيث أمضيا أربعة أيام في زيارة جميع مناطق الجذب السياحي البارزة تقريبًا. أحببت إميلي ذكاء كل شيء. لقد أمضوا بضعة أيام جميلة في بالي، ولعبت إميلي مع موهان على الشاطئ مثل فتاة صغيرة. لقد نوّمتها بانكوك مغناطيسياً، وخاصة حياتها الليلية. استوعب الآلاف من الأشخاص البيض الذين يتجولون بملابس بسيطة إميلي، وأخبرت موهان أنهم يجب أن يكونوا مثل هؤلاء السائحين عندما يعودون إلى منازلهم ويحافظون على خصوصيتهم. لقد أسرتها عظمة أنغكور وات، وسحرتها سايغون.

أحببت إميلي طبيعة موهان التملكية. لقد كان مثل الأب الشاب.

وعندما عادوا إلى الهند، ذهبوا مباشرة إلى منزل موهان. أثناء التحقق من حساباتها المصرفية، شعرت إميلي بسعادة غامرة لأن راشيل قد أودعت خمسة آلاف أخرى. على الرغم من أنه أنفق بالفعل حوالي ثمانية عشر ألفًا، إلا أن البنك الذي يتعامل معه كان لديه رصيد قدره سبعة عشر ألفًا.

وفي أحد أيام السبت، استقل حافلة من كوتشي إلى ثيروفالا لمقابلة أمي. عند وصولها إلى المنزل، وجدت إميلي عائلة أخرى تقيم في المنزل. قيل لها أن جدتها توفيت منذ أسبوعين وأن إليزابيث وجاكوب باعا المنزل لشاغليه الحاليين. الملاك الجدد لم يسمحوا لإيميلي بالدخول إلى المنزل؛ وقف في الخارج وبكى وهو يتذكر أمي.

لم يكن لدى إميلي مكان آخر تذهب إليه سوى منزل موهان، وعندما عادت روت القصة بأكملها. موهان لم يقل كلمة واحدة. وساد الصمت في المنزل لعدة أيام. وبدون إخبار إميلي، توجه بالسيارة إلى المحكمة واستأنف التدريب. بدأت إميلي في الذهاب إلى الكلية وعندما عادت، كانت في المنزل بمفردها ولم يكن لديها أحد لتتحدث إليه. وبعد أسبوعين، شعرت بعدم الارتياح وطلبت من موهان أن يرافقها إلى الطبيب. لكن موهان لم يكن قادرًا على ذلك لأنه كان يعاني من حالة حرجة في ذلك اليوم ولم يرغب في الذهاب معها.

ذهبت إميلي وحدها.

وبعد إجراء فحص تشخيصي مفصل، أخبر طبيب المرأة إميلي أنها حامل. شهدت إميلي النشوة. الآن تغير كل شيء، معنى وألوان ومسؤوليات جديدة. انتظرت عودة موهان، وبمجرد وصوله، حوالي الساعة السادسة مساءً، أخبرته إميلي بابتسامة أنها حامل. وتوقعت أن يعانقها موهان ويقبلها بفرح. لكنه لم يصدر أي رد فعل، ولم يقل أي شيء؛ اجتاح صمت عميق كل ركن من أركان المنزل، مما أدى إلى تفكيك ثقتها في موهان.

في صباح اليوم التالي، غادر موهان إلى مكتبه دون إخبار إميلي، وشعرت إميلي بالغرابة؛ استقل الحافلة للذهاب إلى جامعته. وعندما حاولت إيميلي تحويل مبلغ لدفع رسوم الفصل الدراسي، لم تجد في حسابها سوى خمسين ألف روبية. في المساء، عندما أخبرت موهان أن مبلغًا قدره ستة عشر ألفًا وخمسمائة روبية قد اختفى من بنكها، قال إنه أخذ المال لبعض الاحتياجات العاجلة وأنه كان هناك لمساعدة إيميلي في كل ما تحتاجه.

وثقت إميلي في موهان وصدقت كلماته.

في ذلك الصباح، عندما غادرت إيميلي إلى الكلية، أغلق موهان المنزل بقفل جديد وذهب إلى مكتبه. عندما عادت إيميلي من الكلية في السادسة مساءً، لم يكن موهان قد عاد من المحكمة. نظرًا لأن موهان كان لديه مفاتيح الباب الأمامي، انتظرت إميلي. حل الليل وانتظرت إميلي في الخارج بعد العاشرة. وصلت سيارة موهان إلى المنزل حوالي الساعة العاشرة والنصف. فتح الباب ودخل وتبعته إيميلي. طلب موهان من إميلي أن تنام في غرفة المعيشة، وهو يشعر بالغرابة. لم أستطع النوم بشكل مريح في غرفة المعيشة.

في اليوم التالي، أخبر موهان إميلي أنها اضطرت إلى إجراء عملية إجهاض وأنها قامت بجميع الاستعدادات في عيادة الإجهاض. لم تصدق إميلي كلماتها.

قال لها: "أنت في الثامنة عشرة فقط، وأنت أصغر من أن تكوني أماً".

فأجابت: "لكنني أريد الاحتفاظ بالطفل".

وقال موهان: "لا نستطيع تحمل تكاليف طفل الآن".

قالت إميلي: "لديك ممارسة جيدة وتكسب ما يكفي".

وقال: "أحتاج إلى المال لشراء منزل".

نظرت إميلي إلى موهان بشكل مثير للريبة.

أجابت إميلي: "لقد أخبرتني أن هذا المنزل ملك لك".

"لا تستجوبيني"، صرخ موهان، وتردد صدى التهديد المتضمن في كلماته في أذنيها وامتزج بوحدتها وصمتها.

لقد كان تحذيرا. كانت إميلي خائفة وحاربت خوفها. كان موهان رجلاً متغيرًا، أو أنه بدأ في إظهار طبيعته الحقيقية.

كانت إميلي صامتة. لكنها كانت مستاءة وأرادت إنقاذ الطفل بأي ثمن. حاول الهروب من موهان. ومع ذلك، لم يكن لديه أي خيارات. وكان رصيده البنكي يقارب الصفر ولم تكن هناك إمكانية لكسب لقمة العيش؛ لم يكن لديه مكان يذهب إليه ولا أقارب. شعرت بالعجز. وفجأة تغير العالم وشعرت بالرعب.

وفي اليوم التالي، أخبرها موهان أنهم سينتقلون إلى منزل آخر خلال يومين وأنها بحاجة إلى إجراء عملية إجهاض أولاً. كانت إميلي صامتة.

"تحدث"، رفع موهان صوته.

تمتمت قائلة: "لا أريد إجراء عملية إجهاض".

صرخ وهو يصفعها مرتين: "اطيعي ما أقول لكِ".

كانت ضربات قوية. تدفق الدم من أنفه. ظل الظلام لبضع ثوان وشعر وكأنه يسقط على الأرض. كان الألم لا يطاق؛ وكانت هذه هي المرة الأولى التي يضربها شخص ما. بينما كانت تغسل وجهها تحت الصنبور، ذاقت إيميلي الدم. غطى أنفه بمنديل، وبعد دقائق قليلة أصبح مبللا بالدم. صرخت إميلي بصوت عالٍ، لكن موهان تظاهر بالصمم.

ذهب إلى غرفة المعيشة وحاول الاستلقاء. لقد جعلها الألم المبرح والنزيف غير مستقر، وبينما كانت تكافح من أجل الحقيقة، فقدت وعيها لبضع دقائق.

لم تذهب إميلي إلى الكلية في ذلك اليوم، لكن موهان ذهب إلى قاعة المحكمة.

في فترة ما بعد الظهر، جاءت امرأة حسنة الملبس لرؤية إميلي. كانت تقود سيارة موهان وأخبرتها أن موهان طلب منها أن تأخذها إلى منزله الجديد حيث سينتظرهم. كان لدى إميلي شك، لكنها ذهبت معه. وعلى طول الطريق، لم يتحدث الاثنان. كانت المرأة تقود سيارتها عبر منطقة مزدحمة وسوق، وبعد نصف ساعة كان هناك ازدحام مروري. توقفت السيارة لمدة نصف ساعة أخرى. نزلت المرأة من السيارة بفارغ الصبر قائلة إن هناك حادثًا وذهبت لمعرفة ما إذا كان بإمكانها مواصلة القيادة.

نظرت إميلي من النافذة. على كلا الجانبين كان هناك مئات المحلات التجارية والمؤسسات الأخرى. لم تكن منطقة سكنية، وكانت متأكدة من أن المرأة ستأخذها إلى مكان آخر. وتمكن من رؤية لافتة كبيرة ذات خلفية حمراء على بعد حوالي مائتي متر، مكتوب عليها: "عيادة الإجهاض". ركضت قشعريرة في العمود الفقري لإميلي. انتشر في جميع أنحاء جسده، وكسر وهمه. وبدون الكثير من التفكير، فتح الباب واختفى وسط الحشد.

باستثناء محفظتها، لم يكن لدى إميلي أي شيء معها. سار بسرعة وسلك طريقًا فرعيًا، وهو جزء من مدينة كوتشي القديمة. ركض لمدة ساعة وكان بالفعل على شاطئ البحر. كان هناك المئات من الصيادات يبعن السمك، ويجلسن على الأرض على جانبي الطريق. ووراءها كانت الشبكات الصينية الكبيرة؛ كانت الشمس حارة، والهواء رطبًا، وكان البحر هادئًا بشكل غريب. كانت رائحة السمك المقلي بزيت جوز الهند تملأ الهواء. سارت بسرعة، وغطت رأسها بالوشاح، لكنها لم تكن تعرف إلى أين تذهب أو ماذا تفعل.

لم يسبق لي أن كنت في تلك المنطقة.

كانت إميلي وحيدة وسط الحشد، وحيدة كقطة ضالة، خائفة وخجولة، ليس لها أحد في العالم ولا مكان تسميه خاصًا بها. استمر الدم بالتنقيط من أنفه. كانت أصابعه مبللة قليلاً بالدم عندما مسحها. تطور الظلام في عينيه. كان رأسه ثقيلا. كان يجلس على الطريق حيث كانت امرأة في منتصف العمر تبيع السمك. جلست هناك لفترة

طويلة، وكأنها لا تستطيع الحركة، وتشعر بالدوار والمرض. كان هناك بعض العملاء. وكانت المرأة مشغولة بالوزن والتنظيف والقطع والتعبئة، ومكرسة كليًا لعملها. طلبت ابنته السمك حسب تنوعه وحجمه ولونه. جاء المزيد والمزيد من العملاء واشتروا الأسماك وغادروا، بعضهم بمفردهم، والبعض الآخر في مجموعات صغيرة، أزواج؛ كان هناك دائمًا مساومات. كان من الممتع مشاهدتهم، حيث كان الجميع مشغولين، وكان لدى الجميع مكان يعودون إليه، شخص ما ينتظر شخص ما. تدريجيا، انخفض عدد العملاء، وجاء واحد أو اثنان على فترات طويلة، ثم لم يكن هناك أي شيء. جلست إميلي وشاهدت الأم وابنتها، وهما ثنائي سعيد ومكرسون تمامًا لعملهما. لقد باعوا كل شيء تقريبًا، وكان متجرهم فارغًا تقريبًا، ولم يبق سوى بضع قطع من الأسماك الصغيرة.

قالت الفتاة، البالغة من العمر حوالي اثني عشر عامًا، وهي تجمع بقايا الطعام في سلة صغيرة: "أمي، لنذهب، لم يعد هناك زبائن".

ما هو الوقت؟" سألت المرأة الفتاة.

أجابت الفتاة: "إنها الساعة العاشرة والنصف".

كان الشارع فارغًا بالفعل؛ لم يتبق سوى عدد قليل من تجار الأسماك. كما قاموا بجمع بقايا الطعام في سلالهم وطويوا الأغطية البلاستيكية التي يعرضون فيها الأسماك التي يبيعونها.

" ماذا تفعل بالجلوس هنا؟ ألم تشتري السمك؟" سألت المرأة إميلي.

أجابت إميلي: "لا، لم أشتر أي شيء".

"ثم لماذا أنت هنا؟" سألت المرأة.

نظرت إميلي إلى المرأة. كانت في الأربعين من عمرها تقريبًا، ممتلئة الجسم، وترتدي فستانًا فضفاضًا يصل إلى الركبة. كانت عيناه كبيرتين ومظلمتين، وله أنف بارز وشفتان كبيرتان. وعندما تكلم كانت أسنانه واضحة للعيان.

قالت إميلي: "ليس لدي مكان أذهب إليه".

نظرت المرأة إلى إيميلي لبضع ثوان، وقامت بتقييم كلماتها ومظهرها.

"ما حدث لك؟ سألت المرأة: "أرى الدم ينزف من أنفك".

أجابت إميلي: "لقد سقطت".

بحلول ذلك الوقت، كانت الفتاة قد أنهت عملها بالفعل؛ كانت السلال سليمة، والأغطية البلاستيكية مطوية، والسكاكين مخزنة بعناية في حقيبة جلدية ومربوطة بإحكام.

"إذا لم يكن لديك مكان، أين ستنامين؟" سألت الفتاة وهي تنظر إلى إيميلي. كان هناك قلق في صوته.

وقالت المرأة: "لا تبق هنا طوال الليل، فالوضع ليس آمناً".

إميلي لم تقل أي شيء.

" أمي، دعيه يأتي معنا. قالت الفتاة: "يمكنه أن ينام في منزلنا".

نظرت المرأة إلى إميلي.

قالت المرأة: "تعال معنا".

لقد ساعد إميلي على النهوض. على الرغم من أن يديه كانتا باردتين، إلا أن لمسته كانت دافئة وثابتة. بدأت الفتاة بالمشي وهي تحمل السلال التي احتفظت فيها بالحقيبة الجلدية. كان يحمل دلوين في يده اليمنى. في الداخل، الأسماك غير المباعة. أمسكت المرأة بالغطاء البلاستيكي المطوي الذي كان على رأسها.

قالت إميلي للفتاة: "أعطني المكعبات؛ أستطيع أن أحملها".

نظرت الفتاة إلى إميلي.

"أفعل ذلك كل يوم. قالت الفتاة: "بعد المدرسة، آتي إلى هنا حوالي الساعة السادسة مساءً وأجلس مع أمي حتى الساعة العاشرة والنصف".

قالت إميلي: "لكن اليوم أستطيع الصمود".

أعطت الفتاة دلاء السمك لإميلي، وشعرت إميلي بالارتياح، وكأنها أصبحت جزءًا من العائلة. ساروا على طول شاطئ البحر لمدة خمس عشرة دقيقة تقريبًا ووصلوا إلى مجموعة من الأكواخ الطويلة، ستة منها؛ وكان في كل ملجأ عشرة بيوت، وبقيت الأم وابنتها في الكوخ الخامس، البيت الثاني. كان المنزل مطليًا باللون الأبيض، وحافظ على نظافته، وكان به غرفة معيشة وغرفة نوم ومطبخ ومرحاض في الزاوية.

وكان زوج المرأة طريح الفراش. كان سائق شاحنة، وذات مرة، خلال الرياح الموسمية، أثناء تسلقه جبال غاتس الغربية، سقطت شاحنته في وادٍ. لقد كسر عموده الفقري وظل معاقًا لمدة ثماني سنوات. اعتنت الابنة بأبيها كممرضة. كانت المرأة مراعية وحنونة تجاه زوجها.

أظهرت المرأة إميلي إلى الحمام. غسلت إميلي ملابسها، وأخذت حمامًا ساخنًا، وارتدت ثوب النوم الذي أعطته إياها الفتاة. حوالي منتصف الليل تناولوا العشاء معًا على الأرز الساخن والسمك المقلي والخضروات. نامت إيميلي على أرضية غرفة المعيشة على مرتبة مغطاة بملاءة من القطن. كانت الليلة باردة فغطى نفسه ببطانية رقيقة. نمت إميلي جيدا. وعندما استيقظت حوالي الساعة السادسة صباحًا، كانت المرأة مشغولة في المطبخ وكانت الفتاة تدرس. في السابعة كانوا قد تناولوا وجبة الإفطار بالفعل: بوتو، وكاري كادالا، والموز، والقهوة المفلترة. أخبرت المرأة إميلي أنها في الثامنة صباحًا ستذهب إلى شاطئ البحر لشراء الأسماك وبيعها من الباب إلى الباب، وأنها ستعود في الساعة الواحدة بعد الظهر، وتطبخ، وتطعم زوجها، وفي الثالثة سأشتري السمك مرة أخرى و اذهب إلى بائع السمك ليبيعه حتى الساعة العاشرة والنصف ليلاً. ذهبت الفتاة إلى المدرسة حوالي الساعة التاسعة وعادت في الساعة الرابعة بعد الظهر. من الساعة السادسة صباحا فصاعدا كان يساعد والدته.

أعدت المرأة علبتين من الطعام في صندوق غداء ورقي أبيض.

وقال: "من فضلك خذها، قد تكون جائعا، وفي الطريق، أينما ذهبت، يمكنك أن تأكلها".

"شكرا جزيلا. قالت إميلي: "لا أعرف ماذا أقول".

"لقد احتفظت بخمسين روبية في الحقيبة، تكفيك لمصاريفك لمدة يومين، بالإضافة إلى مصاريف الحافلة"، قالت له المرأة وهي تعطيه حقيبة كتف صغيرة بها ملابس نظيفة وزجاجتين من الماء.

بكت إميلي. كان قلبه مليئا بالامتنان.

"وداعا"، قالت الفتاة.

"أتمنى لك وقتا طيبا"، تمنت له المرأة.

سارت إميلي وفكرت في الذهاب إلى ألابوزا، على بعد ثلاثة وخمسين كيلومترًا. لم يكن يريد ركوب الحافلة إلى المدينة، لذلك استقل شاحنة صغيرة متجهة جنوبًا. وبعد ساعة، استقل شاحنة أخرى متجهة إلى كوتاناد في اتجاه ألابوزا لإحضار البط الحي إلى المدينة. كان مقعد السائق مجانيًا وقد عرضه على إميلي دون أن يدفع لها أي رسوم. وفي غضون ساعة وصلوا إلى ألابوزا، وفكرت إميلي في الذهاب إلى مزارع البط على بعد حوالي عشرة أو خمسة عشر كيلومترًا.

كانت هناك المئات من مزارع البط في كوتاناد. ذهبت إميلي لرؤية ست مزارع بط مع السائق، حيث اشترى أربعمائة بطة. وكان لدى المزارع أكثر من ألف وخمسمائة بطة، بالإضافة إلى نحو خمسمائة بطة. سألته إميلي إذا كان بإمكانها أن تمنحه وظيفة.

قام المزارع وزوجته وطفليه بتربية البط، وقام اثنان من العاملين بدوام كامل باصطحابهم إلى حقول أرز مختلفة خلال النهار. بمجرد فقس البيض وتفقيس فراخ البط، يتم نقلهم باستمرار من حقل أرز إلى آخر لمدة اثني عشر شهرًا. وضع العديد من البط البيض في الحقول، وقام العمال بجمعه في السلال. وفي الليل، أخذوا البيض مع البط إلى

الفناء. وكان بعض البط يضع البيض في الفناء. تم بيع البط الذي يزيد عمره عن اثني عشر شهرًا من أجل اللحوم.

بعد التشاور مع زوجته، عرض المزارع على إميلي وظيفة بأجر شهري قدره خمسمائة روبية مع الإقامة في كوخ ملحق بقفص البط، يحتوي على غرفة ومنصة للطهي ومرحاض صغير. كانت إيميلي سعيدة بعرض العمل، وكانت وظيفتها هي تعبئة البيض في أكواب البيض وختمها باسم تلك المزرعة المحددة. كان هناك في كل يوم ما بين سبعمائة وخمسين إلى ثمانمائة بيضة. كان على إميلي الاحتفاظ بدفتر البيض والطيور الحية المباعة لوكالات مختلفة، والأموال المستلمة، والأجور المدفوعة، والأعلاف المشتراة والنفقات الأخرى.

شجع مزارعو الأرز في كوتاناد تربية البط لأنها كانت مربحة. لم يكن البط بحاجة إلى مكان ليجلس فيه، ولكن تم الاحتفاظ به في حظيرة مغلقة تعرف باسم ساحة البط، بجوار حقل الأرز وبالقرب من المنزل، محمية من الحيوانات المفترسة. كانت إميلي تحب العمل وتظل مشغولة طوال اليوم. كانت زوجة المزارع لطيفة، وكانت تقدم لإيميلي كل يوم تقريبًا طعامًا مطبوخًا، مثل كاري البط والسمك المقلي ومستحضرات الأرز المختلفة. عندما اكتشف أن إميلي حامل، كان يأخذها بانتظام إلى طبيب أمراض النساء للاستشارة والرعاية الطبية.

وفجأة، انتشرت أنفلونزا الطيور عبر كوتاناد عندما بلغت إميلي سبعة أشهر من العمر مع عائلة المزارع. انتشر بسرعة ويموت آلاف البط كل يوم. وأرسلت الحكومة متطوعين لإعدام الطيور في المنطقة المتضررة. في مزرعة إميلي، تم ذبح جميع البط تقريبًا في غضون ثلاثة أيام، وتم حرق جثثهم في الحقل. فقدت إميلي وظيفتها وخسر المزارع آلاف الروبيات. أخبرت زوجة المزارع إميلي أنها تستطيع البقاء معها وأنهم سيتحملون جميع تكاليف ولادتها. لكن إميلي لم تكن تريد أن تكون عبئًا عليهم وتركتهم في وقت مبكر من اليوم التالي.

استقل قاربًا إلى كوماراكوم بحثًا عن عمل، حيث كان هناك العديد من المراكب والمطاعم؛ قام مئات السياح من الخارج ومن مختلف ولايات الهند بزيارة الأماكن السياحية في مناطق كوتاناد النائية. ولأنها كانت حاملًا، رفضت العديد من المراكب والمطاعم طلبها الوظيفي. تجولت إميلي في الطريق بحثًا عن عمل حتى حلول الليل. وعندما حل الظلام رأى مطعماً مسقوفاً بأشجار النخيل تديره امرأة وزوجها. وكانا كلاهما بنغاليين. كان لديهم طفلان صغيران. سألت إيميلي عما إذا كان يمكنها العمل معهم في تقديم الشاي والطعام للعملاء، بما في ذلك أدوات الغسيل والتنظيف. كان الزوجان ودودين وأخبراه أنهما على استعداد لمنحه وظيفة، وأنه يمكنه تناول الطعام والنوم هناك.

كان المطعم بشكل رئيسي طعامًا بنغاليًا. كان معظم العملاء من العمال من البنغال وأوديشا وآسام، الذين أتوا لتناول الإفطار والغداء والعشاء. كان الأرز ومستحضرات الأسماك المختلفة وأنواع مختلفة من الحلويات والشاي هي الأطباق الرئيسية في القائمة. كانت مهمة إميلي هي تقديم الطعام الذي طبخته المرأة. قام زوجها بتنظيف المطعم وغسل الأواني والتسوق. أكلت إميلي مع الزوجين ونامت على الأرض. كانت الأيام التي قضتها إميلي معهم سعيدة، حيث عاملها رؤساؤها باحترام واهتمام.

ثم وصل لواء الشرطة. لقد كانوا بلا هوادة. وبما أن المطعم بني على جانب الطريق في بورومبوكو، وهي أرض حكومية، قامت الشرطة بتفكيك السقيفة في غضون عشر دقائق وإحراقها. لم يبق شيء، ولا حتى الأدوات. فقد الزوجان البنغاليان كل شيء؛ وترك أطفاله يبكون على الطريق.

عانقت المرأة إميلي، وبكت، وأعطتها خمسمائة روبية مقابل العمل لمدة شهرين.

سارت إميلي إلى كوتايام، مسافة حوالي خمسة عشر كيلومترًا. كان لديها تسعمائة وخمسون روبية في حقيبتها، وفكرت في دخول مستشفى الولادة هناك. وبعد حوالي خمسة كيلومترات توقفت أمامها

سيارة؛ سألت امرأة إميلي إلى أين تذهب، فقالت إنها ستذهب إلى حديقة اليوبيل في كوتايام لأنها تعلم أن هناك مستشفيات ولادة قريبة. ساعدتها المرأة في ركوب السيارة وفي غضون خمسة عشر دقيقة كانت في حديقة اليوبيل. عندما خرجت من السيارة، شعرت إيميلي بالتعب؛ أراد الجلوس مرة أخرى. دخل الحديقة وجلس على أحد المقاعد لساعات. عندما وقف كورين، رجل قصير داكن اللون، أمامها، عرفت أن هناك من يساعدها. كان لدى كورين قلب مليء بالتعاطف. عندما هاجمت شرطة كارناتاكا كورين وقتلته، فشلوا في رؤية مركز نابض بالحياة يحب إميلي وتوما كونج؛ بالنسبة لهم، كان حب الأسرة غير مادي وغير موجود. مع كل ضربة على الوجه والصدر والبطن، كانوا يبنون المشنقة لإميلي، وكانت سقالةها عبارة عن صليب يقف أمام كنيستها في أيانكونو. رآها توما كونج معلقة فوق يسوع العاري الذي مات قبل ألفي عام على مشارف القدس. مات كورين على طريق ميسور كانور، بالقرب من ماكوتام، في عمق الغابة، وذهبت إميلي أمام المؤمنين بالمسيح.

تم بناء مشنقة توما كونج في الهند المستقلة، حيث تم شنق المدانين بجرائم القتل دون صوت، لكن أولئك الذين كان لهم صوت أصبحوا سياسيين ووزراء. وأقيمت المشنقة هناك باسم حمورابي وبنثام وموهان. كانت المشنقة تحتوي على مشنقتين لرجلين مدانين؛ عرف توما كونج ذلك عندما سمع المحكوم عليهم بالسجن المؤبد يتحدثون عن ذلك. استخدمت الحكومة الشنق ضد مواطنيها، مثل المقصلة في مسلخ الخنازير لجورج موكين. ولكن على المشنقة، كان البشر هم الخنازير.

أنف

شنق أوديسيوس وابنه تيليماخوس اثنتي عشرة خادمة باستخدام الأنشوطات، حيث اعتقدوا أن خادماتهن غير مخلصات لأوديسيوس في غيابه. قام المعلم بشرح مقطع من الأوديسة في الصف التاسع، وكان توما كونج منتبهًا.

"من هو مؤلف الأوديسة وبأي لغة كتبها؟" سأل البروفيسور أمبيكا.

أجاب أمبيكا: "مؤلف الأوديسة هو هوميروس، وقد كتب باللغة اليونانية".

ما هو نوع الأدب الأوديسا؟" السؤال كان موجها إلى Appu.

نظر آبو حوله، لأنه لم يكن لديه إجابة. كرر المعلم السؤال وطلب من توما كونج الإجابة عليه.

أجاب توما كونج: "إنها قصيدة ملحمية".

من يستطيع أن يقول ما هو الموضوع الرئيسي للأوديسة؟" سأل المعلم وهو ينظر إلى الجميع.

"كان هناك صمت في الفصل، كما لو كان الطلاب غارقين في التفكير؛ رفع توما كونج يده اليمنى وسمح له المعلم بالكلام.

وأوضح توما كونج: "هناك ثلاثة مواضيع رئيسية في الأوديسة: الضيافة والولاء والانتقام".

"لقد أجبت بشكل صحيح، أين تعلمتها؟" سأله المعلم وهو يهنئه.

"لقد أخبرتني والدتي بقصص العديد من الملاحم، المهابهاراتا، والرامايانا، والأوديسة، وسيلاباثيكارام، وملحمة جلجامش، والفردوس المفقود. قال توما كونج: "لقد كانت راوية جيدة وتعلمت منها الكثير من الدروس".

استمع إليه المعلم والطلاب الآخرون في صمت. لقد علموا أن إيميلي ماتت منذ عام، وأن توما كونج كان لا يزال يدرس على الرغم من إصابته بالاكتئاب. في عطلات نهاية الأسبوع والعطلات كان يعمل في حظيرة الخنازير الخاصة بجورج موكين، على الرغم من أن موكين وبارفاتي كانا على استعداد لتبنيه. لكن توما كونج أصر على العيش بشكل مستقل والعمل من أجل لقمة العيش.

روت إميلي قصة أوديسيوس، ملك إيثاكا. كررت الملاحم كفاحه للعودة إلى وطنه بعد حرب طروادة ومآثره عندما اجتمع مع زوجته بينيلوب وابنه تيليماخوس. تأثر هوميروس بمفاهيم القدر والآلهة والإرادة الحرة. لقد وهب البشر إرادة حرة وكانوا مسؤولين عن أفعالهم، والتي كانت الفلسفة المركزية للملحمة. كانت فكرة الإرادة الحرة هي الركيزة الأساسية للفكر اليوناني التي أثرت على الأفكار الغربية حول حرية الإنسان. لقد تطورت وازدهرت الأديان والفلسفات والأدب والقانون والسياسة على أساس الإرادة الحرة. علاوة على ذلك، كانت هناك قوى مختلفة تشكل حياة البشر، مثل التقوى والعادات والعدل والذاكرة والألم والمجد والشرف، ولكنها كانت خاضعة للإرادة الحرة. كان من الرائع الاستماع إلى إيميلي وهي تحكي القصص، وجلس توما كونج بجانبها وكان مستغرقًا في كلماتها.

وقالت إميلي: "نحن مسؤولون عن أفعالنا إلى حد كبير، ولكن ليس بشكل كامل".

"لماذا لسنا مسؤولين؟" سأل توماس كونج.

"نحن نتاج الطبيعة والتعليم. هناك أشياء معينة بداخلنا ومن حولنا تشكلنا؛ لا يمكننا تغييرهم، بل نقبلهم فقط. وأوضحت إميلي: "في بعض جوانب حياتنا، نحن المبدعون، لذا يمكننا التغيير ونكون مسؤولين عن تلك التصرفات".

كان لثوما كونج رأي مختلف.

كانت الإرادة الحرة تناقضا. لو كان البشر أحرارًا، لكانوا مصممين على أن يكونوا، ولا يمكنهم أن يكونوا. إذا لم يكن البشر أحرارًا، فلابد أنهم مضطرون إلى ألا يكونوا أحرارًا، ولا يمكن أن توجد الإرادة الحرة. كان البشر مثل الماشية في حظيرة الخنازير لجورج موكين؛ لم يطلبوا أبدًا أن يولدوا، ولم يكونوا أبدًا مهتمين بالخصي ولم يرغبوا أبدًا في أن يُقطعوا بالمقصلة. كان العالم مسلخًا ضخمًا خلقه الله، وكان كل إنسان خنزيرًا صغيرًا يجب إخصاؤه لدخول الجنة. خلق الله السماء والأرض، وهو لغز لتوما كونج؛ إما السماء أو الأرض كانت كافية، وكلاهما غير ضروري. كان ينبغي على الله أن يمتنع عن اختبار البشر على الأرض قبل أن يدفعهم إلى الجنة أو الجحيم. ضحك توما كونج بصمت عندما فكر في الأمر، وحيدًا في المنزل.

"هل تؤمن بالجنة والنار؟" سأل توما كونج صديقته المفضلة أمبيكا، بينما كانا يسيران إلى المدرسة.

"لا"، أجاب أمبيكا.

"لأن؟ سأل توماس كونج.

"أخبرني والدي أن جميع الأديان مبنية على قصص كاذبة، وليس على حقائق تاريخية. وكما هو الحال في الأوديسة، تطور كل دين من خيال كتابه ومؤسسيه، كما أوضح معلمنا في الفصل."

"إذن ما هو الشيء غير المزيف؟" سأل توماس كونج.

"بالنسبة لوالدي، الشيوعية وحدها ليست زائفة. "إنه صوت المحرومين والمضطهدين والعمال". أجاب أمبيكا.

سأل توما كونج: "هل تثق في كلام والدك؟"

قال أمبيكا باقتناع: "بالطبع، لا يكذب".

أرادت توما كونج أن تسأل أمبيكا عن سبب قيام والدها وأصدقائه بمداهمة منازل خصومهم السياسيين، أو تقطيعها بالفؤوس أو إلقاء قنابل محلية الصنع على أماكنهم. وقعت العديد من جرائم القتل في

جميع أنحاء ولاية كيرالا على يد جناح الشباب الذي كان والد أمبيكا نشطًا فيه، وقام آخرون بالانتقام أو في بعض الأحيان بدأوا أعمال العنف. لكن توما كونج لم يسأل أمبيكا لأنه لا يريد أن يؤذيها.

كان والد أمبيكا هو العامل الرئيسي في الحزب في كانور، وكان تحت قيادته مئات من الشباب لفعل أي شيء له ولرؤسائه. ولم يكن لدى العديد من زملائه وظائف لأنهم كانوا دائمًا منشغلين بالتحريض والاحتجاجات وحرق الممتلكات العامة والعنف والقتل. وكانت أهدافهم هي الصناعات الصغيرة والمراكز التعليمية وأقسام الشباب في الأحزاب السياسية الأخرى. وبفضل جهودها، أغلقت العديد من الصناعات أبوابها في ولاية كيرالا، واحتفل والد أمبيكا وأتباعه بانتصارهم بالكحول والدجاج التندوري. وكانت البطالة والعمالة الناقصة ضرورية لضم الشباب المحبطين إلى حظيرتهم. لقد تحدثوا بصوت عالٍ ضد الولايات المتحدة وحاولوا سرًا الحصول على البطاقة الخضراء بأي ثمن. وكثيراً ما زارت نخبتها الإمارات العربية المتحدة والدول الأوروبية والولايات المتحدة للقيام بأعمال تجارية والحصول على علاج طبي متخصص. وكان بعضهم مخصصًا لتهريب المخدرات والذهب والسلع الكمالية.

وكان توما كونج قد شاهد عشرات الشباب يتنقلون من منزل إلى منزل ومعهم دلاء لجمع المال والأغذية المعلبة. وبحلول الليل، كانت دلاءهم ممتلئة. لم يكن هناك أي التزام بالتبرع بالمال، لكن أولئك الذين كانوا مترددين في الدفع تعرضوا لأساليب الضغط التي اتبعتها كتائب الشباب.

شاركت أميكا العديد من القصص عن والدها مع توما كونج بينما كانا يسيران معًا إلى المدرسة. لقد وثقت به وأحبته. كانت أمبيكا في الفصل عندما ضرب توما كونج أبو.

أعلن مدير المدرسة أن توما كونج كان مسؤولاً عن تصرفاته عندما ضرب وجه آبو وسقطت أسنانه. كانت تلك هي المرة الأولى والأخيرة التي أصبح فيها توما كونج غاضبًا مع أي شخص. لم يستطع السيطرة على نفسه. وكان رد الفعل يتجاوز ما كنت أتوقعه.

لم يسأل أحد ما الذي أثار استفزاز توما كونج، الشاب المثقف الذي ليس له تاريخ عنيف. لم يهتم أحد بفم آبو القذر.

"كانت والدتك فيشيا،" كان أبو يخبر توما كونج في الفصل عندما يكون المعلم غائبًا. لقد شعرت بالغيرة من توما كونج لأنه كان طالبًا جيدًا، وأجاب على جميع الأسئلة تقريبًا في الفصل وكان يتحدث الإنجليزية جيدًا. ما أثار آبو هو أن توما كونج يمكنه الإجابة على أسئلة الأستاذ بالقول إن والدته وصفت قصصًا من ملاحم مختلفة. أبو محترق بالغيرة. كان مصمماً على إذلال توما كونج أمام جميع الطلاب وخاصة الفتيات. عرف Appu أن Thoma Kunj كان لديه عاطفة خاصة تجاه Ambika، وانتظر فرصة لإهانة Thoma Kunj أمامها. أفضل ما يمكن أن يفعله هو التحدث بالسوء عن والدة توما كونج الراحلة. كان آبو قد سمع صديقه يقول إن الكاهن كان يناديها بـ "فيشيا" في خطبته يوم الأحد. بالنسبة لـ Appu، كانت هذه هي الكلمة الأنسب لاحتقار Thoma Kunj.

كان Thoma Kunj أطول وأكثر عضلية وأكثر ضخامة من Appu. كان كورين قصير القامة، وكان آبو قد تساءل بالفعل لماذا لا يبدو والد توما كونج مثله. ضحك بصوت عالٍ، الأمر الذي كرهه توما كونج، لكن لم تكن لديه نية سيئة تجاه Appu.

"ثوما كونج، لا تكن متعجرفًا؛ الجميع يعرف شيئًا عن والدك وأمك. "حتى أمبيكا عرفت أن والدتك كانت فيشيا،" صرخ آبو، ونظر الفصل بأكمله إلى توما كونج. لم يكن يحب أن يتحدث أي شخص بشكل سيء عن والديه، وخاصة والدته. لقد كانت امرأة طيبة ذات قلب من ذهب، لقد أحبته بما لا يوصف، ولم يقبل أبدًا أن يهينها أي شخص. كما تجسدت الشجاعة، حاربت الشر في المجتمع، ضد أولئك الذين خدعوها وأذواها. احترقت عيون توما كونج بالغضب. أغلق يديه في قبضة؛ ضرب توما كونج وجه Appu بكل قوته.

سقط آبو فاقدًا للوعي، ونقله المعلمون على الفور إلى مركز الرعاية الأولية. وبعد يوم، قدم والده شكوى في مركز الشرطة ضد توما كونج، مدرس الفصل ومدير المدرسة. تم نقل Appu إلى المستشفى

في اليوم التالي وبقي هناك لمدة أسبوعين. خضع لعملية جراحية لتقويم أسنانه ولثته وشفتيه.

زمجر المدير وانتفخت عيناه. كانت هذه هي المرة الأولى التي يكون فيها توما كونج في مقصورته. وكان هناك بعض المعلمين الآخرين. ولم يبد أي منهم أي تعاطف مع توما كونج، وكأن وصف والدته بالعاهرة ليس خطأ وليس له أي عواقب. لم ينظر توما كونج إلى المعلمين لأنه كان يستطيع قراءة ردود أفعالهم. كان هناك مدرس صفه، الذي كثيرًا ما كان يقدر أداء توما كونج في الفصل وفي الامتحانات. ولكن المعلم كان صامتا أيضا.

"لماذا ضربت آبو؟" صاح المخرج.

كان الرد هو إساءة معاملة آبو لوالدته المتوفاة ووصفها بالعاهرة، واعتقد توما كونج أنها كانت استجابة قوية كافية لمحو ذنبه. كان أبو من عائلة ثرية. كان لديه والدين يعتنون برفاهيته. لكن توما كونج كان يتيمًا. لم يكن لديه أحد سوى بارفاتي وجورج موكين. أولئك الذين كان لهم آباء كانوا أقوى. كان توما كونج يعرف ذلك جيدًا. ولا يمكن حتى لشبل النمر في غابة أيانكونو أن يعيش حياة يتيم؛ وكانت الضباع تنتظر التهامه. لقد رأى عجل فيل بلا أم يبلغ من العمر ستة أشهر تقريبًا في معسكر دوباري للأفيال بالقرب من كوشالناغارا. لقد كانت وحيدة وعاجزة، مثل رجل لا يستطيع السباحة في مياه الفيضانات في بارابوزا. أن تكون متفوقًا أو تحصل على درجات جيدة في الامتحانات الصفية لم يكن كافيًا؛ ما كان مطلوبًا هو دعم وحماية الوالدين. كان توما كونج وحيدًا، مثل كلب كعكة أو خنزير يُقاد إلى المقصلة.

صرخ المخرج: "لا تحاول الدفاع عن نفسك".

نظر إليه توما كونج. كان لديه عصا في يده اليمنى.

ضربة تلو الأخرى على الظهر والأرداف. كان أحدهم يجلد توما كونج لأول مرة، فسقط عليه العصا مرارًا كما لو كان يسلخ جلده. لم

يطلب أي معلم الرحمة ولم يهتم أحد بألمه. كان ستة من الرجال البالغين يصرخون ويصرخون.

أصيب توما كونج بالأذى عندما رأى أنه لم يكن هناك أي رد فعل من المعلم ضد الضرب.

"لا تضربني،" توسل توما كونج.

فجأة ساد الصمت. كان مثل السكون بعد الرعد.

"ماذا قلت؟ "كيف تجرؤ على إعطاء الأوامر لمدير المدرسة؟" صاح المعلم.

واصل المعلم ضرب أكتاف توما كونج وصدره.

"لا تدافع عن نفسك. صرخ المعلم وهو يجلد توما كونج: "ما قمت به يعد جريمة خطيرة".

"لا تدافع عن نفسك، لا تدافع عن نفسك، لا تدافع عن نفسك"، سمع توما كونج صدى صوته ألف مرة. رددت جدران مبنى المدرسة صدى ذلك بشكل دوري.

"كافٍ!" صرخت بارفاتي وهي تجري إلى المقصورة. لقد كان أمرًا.

نظر إليها المعلمون بعدم تصديق وكان هناك صمت تام.

"كم أنت قاسي القلب! رجال قساة، يضربون طفلاً مثل كلب مسعور. لقد فعل شيئًا سيئًا، لكن هذا لا يعني أنه يمكنك تشكيل عصابة إجرامية لضربه. ليس لديك الحق في جلده بهذه القسوة. إنه يتيم. هذا لا يعني أن لديك رخصة لقتله". كانت كلمات بارفاتي مثل الريح التي تضرب سهيادري الجبارة بقوة غير مسبوقة، فتقتلع الأشجار وتهز الصخور.

أخذت بارفاتي توما كونج إلى سيارتها الجيب وانطلقت مسرعةً بعيدًا.

وفي غضون يوم واحد، قام قاضي محكمة الأحداث باحتجاز توما كونج. وعلى الفور وصل جورج موكين وبارفاتي إلى المحكمة

وشهدا على حسن سلوكهما. أطلق القاضي سراح توما كونج تحت رعاية وحماية جورج موكين وبارفاتي.

ظل توما كونج طريح الفراش لمدة شهر. بقيت بارفاتي معه ليلا ونهارا، وأعدت له الطعام وأطعمته ورعايته. كان يزوره طبيب كل يوم وممرضة منزلية للعناية به.

وبعد شهر، تلقى توما كونج بلاغًا من المدرسة بطرده منها. هرع جورج موكين إلى المدرسة، لكن مدير المدرسة كان مصراً. توسل جورج موكين إلى مدير المدرسة لمنح توما كونج شهادة نقل إلى مدرسة أخرى، لكن المدير رفض طلبه.

كانت تلك نهاية تعليم توما كونج. كان حلمه أن يصبح مهندساً، وبكى أياماً عديدة. لم يكن من السهل تخيل حياة بدون تعليم واكتساب المعرفة ودون الحصول على شهادة مهنية. لقد غلفه الألم المستمر بالشعور بالفشل. كان الأمر أشبه بالضباب الذي يغطي نهر أيانكونو لعدة أيام، ويحيط بالتلال، وينتشر فوق أشجار جوز الهند وأشجار المطاط. بكى توما كونج مثل خنزير صغير يخضع لعملية إخصاء، لأنه لم يصدق أن المصير الأسوأ قد وقع عليه. كان لديه كوابيس حول قتال مخلوقات ضخمة أرادت الاستهزاء به. كان يفكر في المسؤولية عن أفعاله، وقضى ليالٍ بلا نوم وهو يشعر بالخجل من نفسه. وسيطر عليه الإذلال، وكأنه فعل شيئًا مشينًا، بل منحرفًا، لا جزاء عليه. لم يكن هناك مفر، وكان عليه أن يعاني طوال حياته دون أي خلاص، لأن عبء الحياة كان منتشرًا في كل مكان، قاسيًا وضخمًا.

شعر توما كونج بالسحق في طريق مسدود، دون أي أمل، وأصبح خائفًا من مصيره. لقد فكر في الدفاع عن أفعاله، لكن كلمات معلم الفصل سحقته مثل عاصفة برد، نذير الإعصار الذي اقتلع حتى أشجار جوز الهند. في بعض الأحيان، كان الندم على ضرب آبو يتغلب عليه لعدة أيام، وكان توما كونج يضرب نفسه بشكل متكرر على وجهه. لقد سحقه الشعور بأنه ليس جيدًا بما فيه الكفاية، فصرخ:

"لن أدافع عن نفسي أبدًا مهما كان الثمن". لقد كان نذرًا، قسمًا باسم والدته، إميلي.

الاكتئاب سحق أفكاره.

لم يكن الرجل هناك للدفاع عن نفسه، بل للدفاع عن الآخرين. لكنه سيضيع في مستنقع أنانية الآخرين. كان البشر أنانيين وحاولوا إنقاذ أنفسهم. لقد كان إحساسًا مؤلمًا، وكان توما كونج واعيًا لمشاعره، شيء يحترق باستمرار في صدره، بركان يمكن أن يثور في أي لحظة. وتساءل عما إذا كان قراره بعدم الدفاع عن نفسه كان حكيماً وعقلانياً. هل كانت نسخة طبق الأصل، صدى لإخفاقاته ومعاناته؟ القلق المستمر بشأن قراره حطمه إلى ألف قطعة. كان يشعر بشد عضلي في جميع أنحاء جسده ويواجه صعوبة في المشي أو القيام بأي شيء، بما في ذلك تناول الطعام والاستلقاء. طلبت منه بارفاثي التركيز على روتينه اليومي وإبقاء عقله خاليًا من الأحداث المأساوية التي تحدث في حياته. نظر توما كونج إلى بارفاثي لفترة طويلة، لكنه لم يكن لديه كلمات للتعبير عن قلقه وقلقه، وكان عقله غير منطقي في بعض الأحيان. كان توما كونج يبكي مثل طفل يجلس بالقرب من بارفاثي. فكرت في إميلي واختبرت وجودها. بالنسبة له، أصبحت بارفاثي والدته.

استغرق الأمر حوالي ستة أشهر حتى يتعافى توما كونج من اكتئابه، وأدرك أنه بفضل بارفاثي عاد إلى طبيعته مرة أخرى. أصبح توما كونج رجلاً جديدًا وأعرب عن رغبته لبارفاثي وجورج موكين في العمل في حظيرة الخنازير الخاصة بهم. وسرعان ما استأنف توما كونج عمله وتعلم تقنيات إخصاء الخنازير الصغيرة، ما بين عشرين وخمسة وعشرين كل شهر. وفي بقية الوقت كان يعمل سباكًا وكهربائيًا ومحاسبًا لدى جورج موكين.

قام توما كونج بتجديد منزله الذي بنته إميلي وكورين. وفي غرفة المعيشة، علق صورة كبيرة لنفسه وهو جالس مع والديه عندما كان في العاشرة من عمره، قبل وفاة والده مباشرة. وقبل النوم كان يتحدث معهم بحماس، ويخبرهم بما حدث في ذلك اليوم ويشرح لهم

كل حدث. كان يسمعهم يتحدثون معه، واستمرت المحادثة لمدة ساعة.

كان العمل مع بارفاتي وجورج موكين ممتعًا؛ كل ليلة، كان توما كونج يتطلع إلى مقابلتهم في اليوم التالي. باستثناء أيام الأعياد مثل أونام وعيد الميلاد، فقد اعتذر عن الأكل معهم رغم إصرارهم على الأكل كل يوم. أراد أن يكون مستقلاً، وأن يختبر حريته وصمته.

أعرب توما كونج عن تقديره لرفقتهم لأنهم أحبوه واحترموه ووثقوا به.

كان صباح يوم الأحد. "ثوما كونج" كان الصوت الذي كنت أنتظره منذ أشهر. واقفة في الفناء تنظر إلى توما كونج، وكانت عيون أمبيكا مليئة بالسعادة.

"أردت أن آتي لزيارتك. كل يوم أفكر فيك وأشعر بالفراغ. في طريقي إلى المدرسة، بحثت عنك لعدة أيام. لماذا توقفت عن الذهاب إلى المدرسة؟ كان قلبي مثقلًا بعد أيام عديدة دون رؤيتك. قالت أمبيكا أشياء كثيرة، من فضلك عد إلى المدرسة، وحاولت التنفس بصعوبة، لكن وجهها كان يحمل الأمل.

"أمبيكا، لم أكن بخير. لكن كل يوم كنت أفكر فيك. أجاب: "أنا سعيد جدًا بلقائك".

"لماذا لا تعود إلى المدرسة؟"

"لقد تم طردي. أنا لست طالبا بعد الآن. قال توما كونج: "لقد رفض المدير إعطائي شهادة نقل إلى مدرسة أخرى". وكانت كلماته واضحة وناعمة، دون كراهية أو انتقام.

نظرت إليه أمبيكا مندهشة، وكأنها لم تصدق ما سمعته. كان هناك انفجار مفاجئ من العواطف. كان يراها تبكي، معبرة عن ألمها.

"ثوما كونج، أنا أحبك. قالت أمبيكا وهي تنظر في عينيه: "عندما أكبر، أريد أن أتزوجك". جاءت الحقيقة من روحه ونبضت مثل

قلبه. ولأول مرة، تحدث عن الحب، دون شكليات أيضًا، ودون انعطافات.

"أنا أحبك أيضًا يا أمبيكا. أفكر فيك في كثير من الأحيان. حلمت أننا نحن الاثنان نسبح معاً في النهر." قالها توما كونج ببطء وهو ينظر إلى عينيها.

قال عندما غادر: "سأنتظرك، أنت فقط".

فجأة، لمس شخص ما توما كونج، اليد التي كانت أقوى وأقوى، وفي الوقت نفسه، الأكثر محبة عرفها على الإطلاق، بصرف النظر عن يد والديه. يد الله. لقد شعر بذلك بوضوح عندما قادته اليد بلطف إلى الوجهة النهائية، تحت المشنقة. لقد كان ينتظر تلك اليد لسنوات عديدة، في الواقع، إلى الأبد. ترنح عقله للحظة، لكنه حاول الاستماع إلى الأصوات من حوله رغم السكون الذي يعم كل شيء. كان الأمر أشبه بإحساس تيار كهربائي يتدفق من إصبع اللانهاية ويعود إلى جسده. مفتونًا بقرب الأبدية، وهي تجربة تحدث مرة واحدة في العمر، نظر توما كونج إلى نفسه. لقد كانت تجربة الخلق، بداية الكون، ظهور آدم الجديد من الطين، مثل الخزاف الذي يشكل إناءً، مهدئًا، ناعمًا وموجودًا في كل مكان. إنه الرجل المطرود من عدن إلى ظلمة السجن. لقد كان البريء الذي حمل الجريمة على كتفيه كالصليب إلى الجلجلة. اليد التي لمسته كانت يد الجلاد، وكان توما كونج يعرف ذلك. أصبح الله هو الجلاد، وكان توما كونج هو المسيح، وتقدم إلى الأمام، وشعرت قدمه العارية بركاب المشنقة، التي كانت تنفتح نحو القبر عندما يتم سحب الرافعة. كانت الخطوة على السقالة ناعمة، وكان الصعود عليها بمثابة الإنجاز الأعظم بعد أحد عشر عامًا من الانتظار. كان ذلك تتويجا لعام من الحبس الانفرادي، في انتظار الخطوات كل يوم من الثالثة صباحا حتى الخامسة. كان هناك فضول للمس وتجربة المشنقة، والشعور بخشونة المشنقة والتعليق داخل المحجر. لقد ربط الجلاد ساقيه، وكان يشعر بثقل جسده لكنه كان يشعر وكأنه على قمة جبل إيفرست. كان الربط

حول الساقين بمثابة احتضان الأبدية، ناعم ورقيق ولكنه صلب ولا مفر منه.

لكن احتضان أمبيكا الأول كان ممتعًا، حيث خلق برقًا خصبًا في كل خلية من وجوده مثل انتشار نار شرسة على جانب التل المجاور لغابة أيانكونو.

اتصلت: "ثوما كونج". والخوف التهم عينيه.

"لقد رتب والدي زواجي." كانت أمبيكا تهتز. كان عمره بالكاد ستة عشر عامًا، في السنة الأولى من المدرسة الثانوية بعد الصف العاشر. ركض أمبيكا نحوه وهو واقف على عتبة منزله.

عانقته بقوة وأمسكت شفتيه داخل فمها. كان لسانه يجري على خديها وفكها مثل عجلة صغيرة تبتلع حلماتها وتضغط أنفها على ضرع أمها. كان شعره، الذي لم يكن داكنًا وخشنًا على شفتيه العلويتين وخديه وفكه، مبتلًا بلعابها.

"ادخل" تمتمت وهي تسحبه إلى الداخل. كانت هذه هي المرة الأولى التي يدخل فيها أمبيكا منزله. عانقته بشدة مرة أخرى وقبلت خديه.

وكان وجهه ويديه منتفخين من الضربات القوية.

"والدي يجبرني على الزواج من شخص أكرهه. وقال أمبيكا وهو يصرخ: "إنه يقود فرقة الانتقام التابعة لجناح الشباب في الحزب الماركسي".

"أمبيكا"، نادت توما كونج باسمها مرارًا وتكرارًا.

"سوف نهرب من هنا. أريد أن أعيش وأموت معك. لقد ضربني والدي لأنني رفضت الزواج من الشيطان الذي اختاره. لقد كنت محبوسًا في غرفة لمدة أسبوع كامل". لم تكن كلمات أمبيكا واضحة، لكنها عبرت عن الألم العميق الذي كانت تعاني منه.

"أنا مستعدة يا أمبيكا، فلنذهب إلى فيراجبيت أو جونيكوبال أو ماديكيري. هناك يمكننا أن نعيش حياة سعيدة. هيا، سوف نهرب من هذا الجحيم. "لكن كلانا يبلغ من العمر ستة عشر عامًا فقط وسيتعين

علينا الانتظار عامين آخرين حتى نتزوج" أجاب توما كونج وهو يأخذ يدها ويضعها بالقرب من صدره. يمكن أن يشعر بصدرها الصغير ضده.

"أمبيكا!" كان هناك حادث تحطم في الخارج.

رأى توما كونج مجموعة من الرجال يحملون فؤوسًا ومخارطًا. ركض اثنان منهم. خطفوا أمبيكا من يدي توما كونج.

"اللعنة أيها الخنزير، سوف تعاني بسبب جريمتك،" صرخ والد أمبيكا في وجه توما كونج بينما كان يجر ابنته.

"سنقطع رأسك إذا أتيت من أجل ذلك. كيف ستعتني بها؟ "ليس لديك حتى شارب"، صاح شاب وهو يشير بسيفه الخام إلى رقبة توما كونج.

"ثوما كونج،" بكاء أمبيكا بدا وكأنه حفيف أوراق التمر الهندي في الشفق قبل العاصفة.

كان الشاب ذو السيف هو وزير التعليم في ولاية كيرالا عندما كان توما كونج يسير نحو المشنقة، ولم يكن توما كونج يعلم أن نفس الشاب كان مختبئًا في غرفة في نزل النساء عندما ذهب توما كونج لإصلاح سباكة المنزل. النزل.

كانت عقوبة الإعدام بمثابة دفع ثمن اغتصاب وقتل قاصر؛ وأيًا كان القاتل، فلابد أن يتحمل شخص ما العقوبة. أم كان ذلك لاحتضان أمبيكا والرد على حبها وثقتها؟ يمكن أن يكون على حد سواء. وبما أن السجن كان ضرورياً، كان الموت شنقاً أمراً لا مفر منه؛ فالبريء يستطيع أن يمحو الجريمة والوصمة والخطيئة. كان الموت شنقًا تعويضًا ضعيفًا عن الاغتصاب والخنق والقتل، لكن الموت كان المكافأة النهائية. لم يستطع توما كونج أن يفعل أي شيء لابن MLA الذي أصبح وزير التعليم في بلد الله.

لقد شعر بوجود مدان آخر بجانبه وشعر بصعوبة تنفسه. رائحة الحريم يلفها توما كونج. وكانت هناك المشربية، المحظيات في

العبايات، وأكيم يبحث عن رزاق ومعه سيف في يده اليمنى ورأس المصري المقطوع يقطر دمًا في يساره.

"هل هذا أنت، توما كونج؟" جاء صوت خافت. تعرف توما كونج على الصوت على الفور.

"رزاق،" همس توما كونج.

"لقد طعنتها هي وعشيقها برمح، مثل رمح أكيم. السنبلة اخترقت القلوب. كان صوت رزاق ضعيفاً: ـ كانت حاملاً في شهرها الرابع.

"لكن..." لم يتمكن توما كونج من إكمال عقوبته.

"أكيم امتلكني. كان للقتل إدراك جنسي، فرحة رجل مخصي. لقد كنت في سجن آخر ليس به مشنقة. "لقد وصلت إلى هنا الليلة الماضية."

همس توما كونج: "رزاق، أنا آسف".

"هذا هو إنجاز حياتي؛ أستطيع أن أثبت لباداتشون أنني أستطيع العيش بدونه. تمتم رزاق: ـ لا أحتاج إلى اثنتين وسبعين ساعة.

وفجأة سمع توما كونج صوت قاضي المنطقة. كنت أقرأ الأمر. في البداية كان رزاق، ثم توما كونج.

همس أحدهم في أذن توما كونج: "أنا آسف يا أخي، أنا أقوم بواجبي".

كان بإمكان توما كونج أن يشعر بالحبل حول رقبته، وقام الجلاد بتشديده في غضون ثوانٍ. كانت العقدة على حلقه، مما أدى إلى وفاة توما كونج على الفور دون ألم، مما أدى إلى كسر الحبل الشوكي. لقد كان خنزيرًا صغيرًا؛ سمع صراخ إخوته الخنازير بينما كان الجلاد يدفع رؤوسهم إلى المسلخ، عدة آلاف منهم، وكان الأمر أشبه بتجمع السحب الموسمية الداكنة فوق مزارع البن في ديفا مويلي. كان الجندي أمام جورج موكين ملقى على الأرض وبيده مسدس مزدوج الماسورة، مستعدًا لتحطيم رأس زوج ابنته إربًا. وكانت الصرخة

أشبه بالصرخة المرعبة لمحمد اكيم الذي كان يحمل سيفاً يقطر بدماء الجارية المصرية:

«اللهم لأقطعن رأس الملحد».

ثم جاءت الرؤيا. مثل القاضي أمام توما كونج. كان عمره حوالي ستين سنة، وكان له شعر فضي. يقف بالقرب من توما كونج، ويخرخر:

"أنت ابني، ابني الوحيد. "أنا مسرور معك." كان صوته مثل صافرة القطار.

"لا، لا يمكنك أن تكون والدي،" فتح توما كونج قلبه.

"يا بني، لقد أحببتك كثيرًا. "كنت أختبرك في هذا العالم حتى تحصل على الحياة الأبدية في العالم الآخر"، حاول القاضي تملق توما كونج، مبررًا تصرفاته.

"أنت شرير، لقد عذبت أمي. بالنسبة لك، حياتك فقط هي الثمينة، فأنت تفعل كل شيء من أجل متعتك وقراراتك دائمًا نهائية،" صرخ توما كونج. وتساءل من أين حصل على الشجاعة لمواجهة القاضي.

وتوسل القاضي قائلاً: "أرجو أن تقبلوني كوالدكم".

"كورين هو والدي، إيميلي، والدتي. "اذهب بعيدًا، وتوه في الجحيم"، صاح توما كونج. تردد صدى صوته في كل مكان مثل الإعصار فوق بحر العرب.

اهتز العالم كله كما لو كان هناك رعد وألف صاعقة. شعر توما كونج بسقوط الصليب الجرانيتي أمام كنيسة أيانكونو. لقد انقسمت إلى ثلاث قطع متساوية.

تحدثت معه أمبيكا. لقد بدا جميلًا، مثل ضباب الصباح فوق نهر براهماجيري. كانوا في مكان ما في كوداغو، في وسط مزرعة البن الخاصة بهم، وكان أمبيكا يجلس مع توما كونج على أريكة صنعها من خشب الساج. انتشرت رائحة القهوة المفلترة في الشرفة. كان

يحب رائحتها ويستمتع بحضور زوجته؛ نظرت إليه وابتسمت. كان أطفاله يلعبون في الفناء، ثلاثة منهم، كلهم فتيات.

كان هناك انقلاب في الجنة. وحرر الحور العين جنة الله والمؤمنين من الرجال، ودفعوهم إلى الجحيم الخالي من النساء للمتعة الجنسية. وكانت هناك المرأة المصرية ذات الرأس المقطوع لمحمد اكيم عند باب الخروج من الجنة.

بشكل غير متوقع، سمع توما كونج صرخة رزاق الأخيرة. كانت مثل عاصفة رملية شديدة في الصحراء العربية:

"أميرة."

عن المؤلف

كان فارغيز ديفاسيا أستاذًا وعميدًا لمعهد تاتا للعلوم الاجتماعية ومدير معهد تاتا للعلوم الاجتماعية في حرم تولجابور. كان أستاذًا ومديرًا لمعهد MSS للعمل الاجتماعي، جامعة ناجبور، ناجبور.

للحصول على درجة الماجستير، تخصص في علم الجريمة وإدارة السجون في معهد تاتا للعلوم الاجتماعية، بومباي. بالنسبة لشهادته في القانون، ركز على القانون الجنائي. وكانت أطروحة الماجستير الخاصة به حول القتل الإجرامي. للحصول على درجة الدكتوراه، درس 220 قاتلًا مدانًا في سجن ناجبور المركزي بجامعة ناجبور. حصل على دبلوم في قانون حقوق الإنسان من المدرسة الوطنية بجامعة الهند، بنغالورو، وشهادة الإنجاز في العدالة من جامعة هارفارد.

نشرت وزارة الداخلية الهندية بعض دراساتها البحثية الرئيسية مثل *السلوك الجنسي لنزلاء السجون الذكور في جرائم القتل الإجرامي، وجمعية الضحايا الجناة والتفاعل في جرائم القتل الإجرامي، وظاهرة القتل الإجرامي في مجلتها الهندية لعلم الجريمة وعلم* الإجرام. مقالتها *"علاقة الضحية والجاني في قتل الإناث على يد الذكور"* ، المنشورة في المجلة الهندية للعمل الاجتماعي، هي عمل بحثي يُستشهد به على نطاق واسع. وقد نشر عشرات الكتب المرجعية الأكاديمية في علم الجريمة وإدارة السجون وعلم الضحايا وحقوق الإنسان.

وهو مؤلف مختارات من القصص القصيرة، *امرأة ذات عيون كبيرة* ، نشرتها دار أوليمبيا للنشر، لندن. حصلت على جائزة مؤلف العام للرواية عن روايتها الأولى *Women of God's Own Country* ، التي نشرتها Book Solutions Indulekha Media Network، Kottayam، والتي منحتها دار Ukiyoto للنشر.

نشرت دار أوكيوتو للنشر روايتي *العازب* و*أمايا بوذا* . وهو مؤلف رواية المالايالامية *Daivathinte Manasum Kurishuthakarthavate Koodavum*، التي نشرتها دار Mulberry Publishers، كاليكوت. يعيش في كوزيكود، ولاية كيرالا.

البريد الإلكتروني: *vvdevasia@gmail.com*